日本の心情と行状
迫真社

日本の心情と行状　目次

はじめに

辺りを、なんとなくでも見廻してみるとよい。どこかにそっと見守ってくれるものがある。静かにささやいてくれるものがある。そいつには一円の謝礼も支払ったことはない。それが、深い思索へいざなってくれる。

それは失敗を笑わず励ましてくれる。打ちひしがれた心を助け起こしてくれる。進むべき方向も、時には教えてくれる。

それが諺（ことわざ）だ。時には罰を与えることもするし、褒めてもくれる。たくさんの諺たちが。

こんなに有難いものを、私たちは放ってなんかおけまい。人間に必要なものを与えてくれた。読者諸兄と共に分かち合いたい。心に効くものがほかにもあったら、教えていただきたいなと思う。

その一　建築に関する　用語集

迫真社の前身は建築設計事務所です。よく間違った建築用語に出合って戸惑うことがあります。火災や地震のニュースなどの際に報道のプロであるメディア関係者が間違った用語を用いていると、専門者の胸を混乱させます。一般的な基本用語をざっとながめてみましょう

建築用語—いちばん間違われやすいもの

建築材料から

セメント

無機質接着剤の総称ですが、一般に建設などでいうのは普通、ポルトランドセメントのことをいいます。石灰を焼成してつくられる微細な粉末です。水を混ぜると発熱しながら化学変化をおこして固まります。

原料は山から切り出された石灰岩です。日本列島は珊瑚礁をふんだんに乗せた太平洋プレートが押し寄せた褶曲山なので、珊瑚などが積み上がっているため石灰岩は豊富です。

モルタル

砂をセメントで練ったものをモルタルといいます。粒が小さいのでおもに仕上げ材として使われます。コンクリートの床や壁などの上に塗ります。石畳などを床に敷くとき、その下に敷くモルタルは水で練ったものでは石の重みでへこみ過ぎたりして難しいので、湿らせた砂とセメントだけを混ぜたものの上に石材を置いて木槌などで叩いて調整します。このときのモルタルを空練（からねり）モルタルといいます。モルタルは砂とセメントから成ることを憶えて下さい。

コンクリート

砂とセメントに砂利を混ぜて水を加えて練ったものを生コンクリートといいます。セメントの性質で化学変化をおこして、丈夫な固まりになります。

砂や砂利のことを骨材といいます。砂利だけだとすきまが大きく、セメントが沢山必要になり不経済です。砂を混ぜることですきまが埋まり、セメントがうんと少量ですむわけですね。それに、崩れにくいため強度も上がります。塩分を含む海砂は化学変化を阻害し、強度を損なうので厳禁です。

コンクリートは砂・セメント・砂利の3つから成ることを憶えて下さい。

水セメント比

コンクリートを練る際、コンクリートはセメントに対して水を多くすると軟らかく、型枠の隅々まできれいに打ちあがります。この、型枠への回り込み易さをワーカビリティといいます。

セメントに対する水の比を「水セメント比」といいます。水セメント比つまり、水分量が高いとワーカビリティは高いのですが、硬化時の強度が低く、クラックが生じやすくなります。

強度もあり美しく打つには、水セメント比を抑え、鉄筋の被りを十分にとることがいちばんです。被りとは、鉄筋同士のあいだにじゅうぶんモルタルが回り込んでいることをいいます。

セメント塗り

セメント塗りはクラックを埋めるとか、荒い面をならすため数ミリ薄塗りする時ぐらいしか使われません。セメントだけを練ることは滅多にないのです。「セメントの壁」とか「セメントの床」なんて言うのはたいてい間違いで、「モルタル塗り」が正しいです。

セメントは化学工場で生産される接着材。モルタルはこれに砂を混ぜて水で練ったもの。コンクリートはそれに砂利を混ぜたものです。

基礎

上部構造で受ける鉛直荷重や水平荷重（地震力など）を支持地盤に伝達させる部位。地盤の補強と整地を兼ねた地業（ちぎょう）を行ない、その上に捨コンクリートを打ち、構造に合わせた基礎を施工します。

住宅などの木構造建築物には、布基礎（ぬのきそ）と独立基礎（どくりつきそ）が用いられます。布基礎は間取りに応じて幅15～20センチほど高さ数十センチほどの断面でコンクリートを打ってつくります。

　鉄筋コンクリート造の場合、柱の下に支持地盤に達するコンクリート杭を打つことがあります。PC杭は打ち込むとき騒音がするので、地面に穴をあけて鉄筋を組込み、コンクリートを流し込む場所打ち杭とすることが多いようです。

板ガラス

透明フロートガラス

いちばん流通しているガラス。値段がかなり安い。薄いものは割れやすい。加工がしやすい。少し緑色。溶かした金属のスズの上に、溶かしたガラスの原料を流し込んで作られます。

　最大サイズは2ミリガラスで914×813　1219×610（単位ミリ以下同様）、3ミリガラスで2540×1905　5ミリガラスで3810×2540　6ミリガラスで　AGC 6056×3008　8ミリ、10ミリガラスで7240×2720　12ミリガラスで8690×2720などがあります。

型板ガラス

ロールアウト製法によってガラスの片面に型模様をつけたガラスです。ロールアウト製法とは模様付きのロールと模様なしのロールの間にガラスの溶解生地を通して模様をつける製法です。

　型板ガラスの厚みは、2ミリ、4ミリ、6ミリの厚さがあります。

　模様は梨地では薄型の2ミリ、霞では厚型の4、6ミリがあります。

　最大サイズは2ミリガラスで914×813（単位ミリ）4ミリガラスで1829×1219　6ミリガラスで3000×2390などがあります。

図面名称から

プラン

〝楽しい旅のプラン〟というように、「計画」という意で用いるのが一般ですね。こと建築専門用語となると、「プラン」は平面図をいいます。「平面図」ももちろん専門用語です。

平面図には沢山の意味やデータが書き込まれ、素人のかたが思う以上に深い深い意味を秘めています。すでに、建物の姿や空間のあらゆる関係を考慮されています。不動産屋さんの窓に貼ってある平面図や、マイ・ビルを描く社長やパパの平面図らしきものは、まあ、間取り図と言ってもいいでしょう。

「間取り図」というのは通俗語であって、専門用語ではありません。「間取り図」を画くことは設計とはいえないのです。建築家は間取り図みたいな絵にしてクライアント（お客様）にお見せするけど、パパの間取り図とは、根本的に違うんです。

エレベーション

立面図のこと。「立面図」ももちろん専門用語です。立面図には建物の高さや、外壁の仕上げ材、付設物の有無などが記入されます。ついでに、法規的な制限のラインも書き込まれたりしますが、これは役所に届ける申請書としても提出されるからです。

お役所はその図をみて建築基準法に適合していることを確認し、確認通知書をくれます。このことを「確認が下りる」などと云われますが、制限ラインを図面に記入するということは、設計事務所が確認したことをわざわざ書いてあげていることになります。役所がしていることは、つまり、確認作業を設計事務所に押し付けて、自らは「建築確認を確認」してるだけなんですね。それにしては申請手数料が高いですね！

プロットプラン

配置図のこと。「配置図」も専門用語です。敷地と建物の関係を示す平面図です。ここには道路や隣地との関係のほか、植樹だとか敷地の使い方などが示されます。

セクション

断面図のこと。「断面図」も専門用語です。ここには構造体を含め、仕上げ材との関係、天井高、床高、天井フトコロなど、建物全体の断面を表示します。空調ダクトや配水管の通し方なども検討されます。

矩計図

「かなばかりず」と読みます。「矩計詳細図」ということもあります。断面図のもっと詳しいもので、建物の最も基準となる部分が作図されるのが普通です。梁や基礎との関係、サッシと壁材との納まり、換気スリット詳細や断熱仕様等々の関係が詳しく示されます。

屋根

建築物の上部の蔽(おお)いとなる部位の、外界に対抗する構成部分をいいます。仕上げ材および仕上げ材を支持する構造部分を含めてもいいでしょう。

ただし、屋根勾配をつくるための小屋束やトラスの部分は「小屋組み」として区別するほうが明快です。「突風のため屋根が飛びました」という言い方はまだあいまいです。大抵、仕上げ材である瓦やトタンが飛んだのでしょう。それなら、そう言えばよろしい。垂木（タルキ）ごと飛んで中がみえたなら、「下地（したじ）とも…」といえばよくわかる。小屋組みまで飛ぶと、原形を留めぬダメージとなるはずですから、こんな時は「屋根」あるいは「小屋組みとも…」というべきですね。

屋根のおもな役割は、風雨から内部を護り、あるいは直射日光を避ける、などがあります。

天井

天井（てんじょう）は屋根とは全く別に、小屋組のすぐ下に、小屋組みを隠してすっきりみせるためにこしらえる造作部分（ぞうさくぶぶん）です。小屋とは別に野縁（のぶち）を組み、仕上げ材を張ります。下地や仕上げ材を含めて天井といいます。

天井が落ちたくらいでは、多数の死者が出ることはまず考えられません。そんな馬鹿なと思って見てみると、大抵、上階の「床」が落ちたのですね。

屋根と天井の区別もつかぬ報道陣がたくさんいて驚かされます。

屋上

屋根がフラットになっていて、人が自由に出入りできるものを「屋上（おくじょう）」といいます。

フラットな屋根を「陸屋根（ろくやね）」といいます。「陸（ろく）」とは水平という意味ですね。陸屋根の建物を見て、「屋根はない」と言う人がいますが、それは間違いです。

ニッチ

彫像・花瓶などを置くために壁をえぐって作られたくぼみ。およそ、平面と頂部は、半円形に作ることが多いようです。

アルコーブ

廊下の一隅や、室内に面した壁の一部をひっこませた部分をいいます。ニッチより大きいものを指すようです。ニッチもアルコーブも、できちゃった、ということよりも、意匠的に意図して設けられるのが普通です。和風ではほら床がこれにあたるでしょう。「床の間」も仲間にいれていいと思います。

こういうところに特別なものを置いて、なにか心のよりどころするのはどの国でも共通なようですね。

ほら床（どこ）

床（とこ）の形式で、壁の一部にへこみをつけて、壁の入り隅も塗り回している床をいいます。茶室や数寄屋によく用いられる手法です。

ちなみに、床の多くは入り隅に柱型が見えていて、この部分を四分一（しぶいち）といいます。四分一を見せず土で塗りまわすと野趣（やしゅ）がでますが、そのためには柱のかどを予め欠き取っておく必要があります。

ペントハウス

塔屋。屋上階。建物の屋上へ一部突出した建築部分をいいます。

建築基準法にいうペントハウスは、建築面積の8分の1以内ならば階数に含めないという緩和規定に定められる代わりに、居室として使用しない、例えば階段室・倉庫・機械室・物見塔の類に制限されています。

ロフト

屋根の小屋組みの空間を利用した部屋。

同義語に、屋根部屋・屋根裏・ガレット（garret）・アティック（attic）・ロフト（loft）などがあります。

パティオ

坪庭。中庭。スペイン風の家の中庭（よく椅子やテーブルが置いてある）。

洋の庭が生活の場として用いられるのに対して、和の坪庭（つぼにわ）のほうは、人が立ち入るのではなく静かに眺める風景として設けられることが多く、植木や石や砂利を川や海に見立てて愉しむことも、よくなされます。

ロッジ

山小屋。山荘。別荘。

キャンティレバー

一端固定支点で、他端は自由の梁。カンティレバーともいいます。

柱と柱を上部でつなぐ材を梁（はり）といいますが、

その梁を柱の外まではね出した部分の梁のことです。片持ち梁ともいいます。鳥居でいいますと、潜るほうでなく柱から外へはね出た部分ですね。

もちろんカンティレバーの目的は柱の外へも屋内空間を欲張ることです。建築構造上最も力のバランスがよいのはスパン（柱と柱の間隔）の4分の1の出のときで、これは自然にバランスがとれ各部材に最も無理をかけない工法です。

ピロティ

元来は基礎ぐいのこと。これを地上に出してその上に建物をのせ柱もしくは壁だけで地平階を自由に通りぬけられる空間にしたもの。フランスのル・コルビュジェがこの手法を用いて有名になり、世界的に応用されるようになりました。

英和辞典によれば、建物を地表から持ち上げる支柱によってできる通路空間とあります。要するに、一階で柱だけの自由に通りぬけられる、地上と一体になった空間をいうわけですね。

建物を上に持ち上げたというと、では建物の一階はピロティの上の階を云うかといえば、そうもいきません。わが国ではピロティの階があくまでも1階、建物の目的として使用される最下層の部分は2階になります。

なお、本当に柱だけだと2階へ上がれるわけがありません。階段やエレベータやその他の部屋があっても、柱が主である空間をピロティと呼んでもかまいません。また、ピロティは地上に限らず、防災その他の目的で高層ビルの中間階に造ることもあります。

鴨居（かもい）

和室開口部で内法（うちのり）高さの位置にある横木（よこぎ）。これにみぞをつけて引き違い戸や引戸をはめ込みます。みぞのない横木は無目（むめ）といいます。敷居に相対する語。

欄間（らんま）の場合はその上端横木を欄間鴨居とか薄鴨居といいます。壁の部分に鴨居と同じ高さに取り付けられた横木を付け鴨居といいます。

長押（なげし）

和風建築で元来は構造材として設けられた水平材であったため、上下各所にあったのですが、次第に意匠材として用いられるようになって現在は柱の表面に取り付ける水平材、「内法長押」を専ら長押というようになったもののようです。

　もともとは縦長のL形をした断面をしていましたが、その後角材から台形状に斜めに挽き割る「長押挽」によって製材しました。その厚いほうを下にして鴨居の上端にのせます。長押の上端は薄いほうなので壁とのあいだが少し空くため、長押蓋（なげしぶた）でここをふさぎます。ところで、この隙間に飛礫を忍ばせ、賊が入るとこれをとって撃退したという話。それで、投げ石つまり「なげし」であるといいます。

いすか

　いよいよ工事にかかろうとするときに、「遣り方」ということをします。地面の、建物が実際に建つ位置に杭を打ち、水糸（みずいと）を張るのです。この時、水糸のかけられた杭の頭が変な形しているのを見かけたことはありませんか。

　右の絵のように切ってあります。まず、杭の真ん中、縦割りにのこを入れ、ついで両脇から互いに４５度ずつ、計９０度のはすかいに上を切り取ります。これを「いすかに切る」といいます。

　なんでそんなことをするかというと、ただの戯れではありません。杭は建物の位置や高さを決める水糸をかけられ、正確を保つ大事なものです。何者かがげんのうなどで打ち込んだりすると、杭の先がつぶれ、杭が変更されていることを察知することができるわけです。或いはこの上に腰掛けようとする不届き者がいたとしても、お尻が痛くてやめるでしょう。

「いすか」という言葉はどこから来たものでしょうか？　実はいすかという鳥がいます。この鳥は嘴が曲がって上下が互いにくいちがっています。松の実をほじくるのにどうやら向いているらしい。「いすか杭」の頭はその嘴に似ています。

ところで、木材の継手手法にいすか継ぎというのがあります。材の両方、いすかに切って上下から突付けるとぴったり合わさり、ただ突きつけるより自然に見えるし、丈夫でもあります。

コーポラティブハウス

自ら居住するための住宅を建設しようとするものが、組合を結成し、共同して事業計画を定め、土地の取得、建物の設計、工事発注、その他の業務を行い、住宅を取得し監理していく方式をコーポラティブ方式（建設省の定義）といい、この方式によって建設した共同住宅をコーポラティブハウスといいます。

ちょっと聞くと、すごくよさそうですが、思うほど普及していないのは、まず、土地の提供者の存在が前提になるからではないでしょうか。まず数人が共同で建設しよう、という話になってから、さて、どこへ建てようかという話にはなりにくい。人それぞれに立地場所の理想があろうし、第一、土地のあてもないのに、一緒に建てようということになるはずがありません。

つまり、キーマンは土地の所有者に落ち着きそうだし、その時点で全員が公平な立場にあること自体が難しい。

しかし、たまたま気の合う地主がいて、提供するから魅力的な共同住宅やらないか、ということになれば幸運です。和気あいあい、コミュニケーションの存在する潤いの住環境が期待できます。

ディテール　detail

「細部」という意味。細かい部分の納まり（材と材の組み合わせ方）を示すもの、あるいはその納まりをいいます。ズバリ「納まり」と訳してもよいでしょう。施工サイドからはおろそかにされがちな「細部」ですが、この細部納まりが建築の品位・品質を決定づけます。

見苦しいものは論外として、必ずしもお金をかけた複雑な組み合わせが皆いいディテールともいえません。目的と意図を満たす最も単純化したものがよいディテールだといえましょう。

アメリカの建築家ミース・ファン・デル・ローエが残した「ディテールに神宿る」という言葉は有名です。細部に神様がいらっしゃるという名言ですね。極限までシンプル化したミースのディテールは美しいものです。

言うまでもないことですが、素晴らしいディテールの描ける建築家による建物は、全体についてすばらしい計画が実行されています。その為に、そのディテールが必要だったのですから。それ故、細部を見るとたちどころにその建物の程度が知れるのです。

反り（そり）

反り屋根は上に凹な曲面を与えたものです。この曲面が端部で見付（みつけ）となって現われる破風（はふ）を反り破風といいます。その反りは大屋根の反りより強くすることが多いです。

反り屋根は社寺・城閣に多く、やや威張った意匠になります。

屋根の曲面につき、上から見て凹なものを「反り」、凸なものを「起（むく）り」、軒先ラインの反りを「照（て）り」と云う。「みの甲」は破風（はふ）の曲線を屋根のそれより深くするとき調整される曲面の部分をこう呼ばれる。

照り屋根

むくり

社寺・城閣に多く見られる、上から見て凹な反りに対して、茶室や数寄屋の屋根では凸に造られるのを見られます。

京都などは、際立つことを嫌い、隣近所にあわせた町並みの美しさ、があります。この目立たない意匠は、千利休がおこした草庵茶室の理念にも通じるものです。「下から見ると細工の意味が納得できるんですよ。棟から軒先まで傾斜が真直ぐだと屋根が凹んで見えるんです」と、瓦職人、光本大助さん。

（アラキ工務店『数寄屋 Japan』）

蝦束（えびつか）

違い棚の上の板と下の板を連結するつか。几帳面がとられ、束の高さは柱幅、太さは棚板厚の1・2～1・5倍。棚板の裏に寄せ蟻でとりつけます。

几帳面（きちょうめん）

面取りの一種で右図のような断面のもの。几帳の柱によく用いられたからいいます。几帳は方形の台に2本の柱をたて、その上にわたした横木に目隠しのためたれ帷（ぎぬ）をかけます。

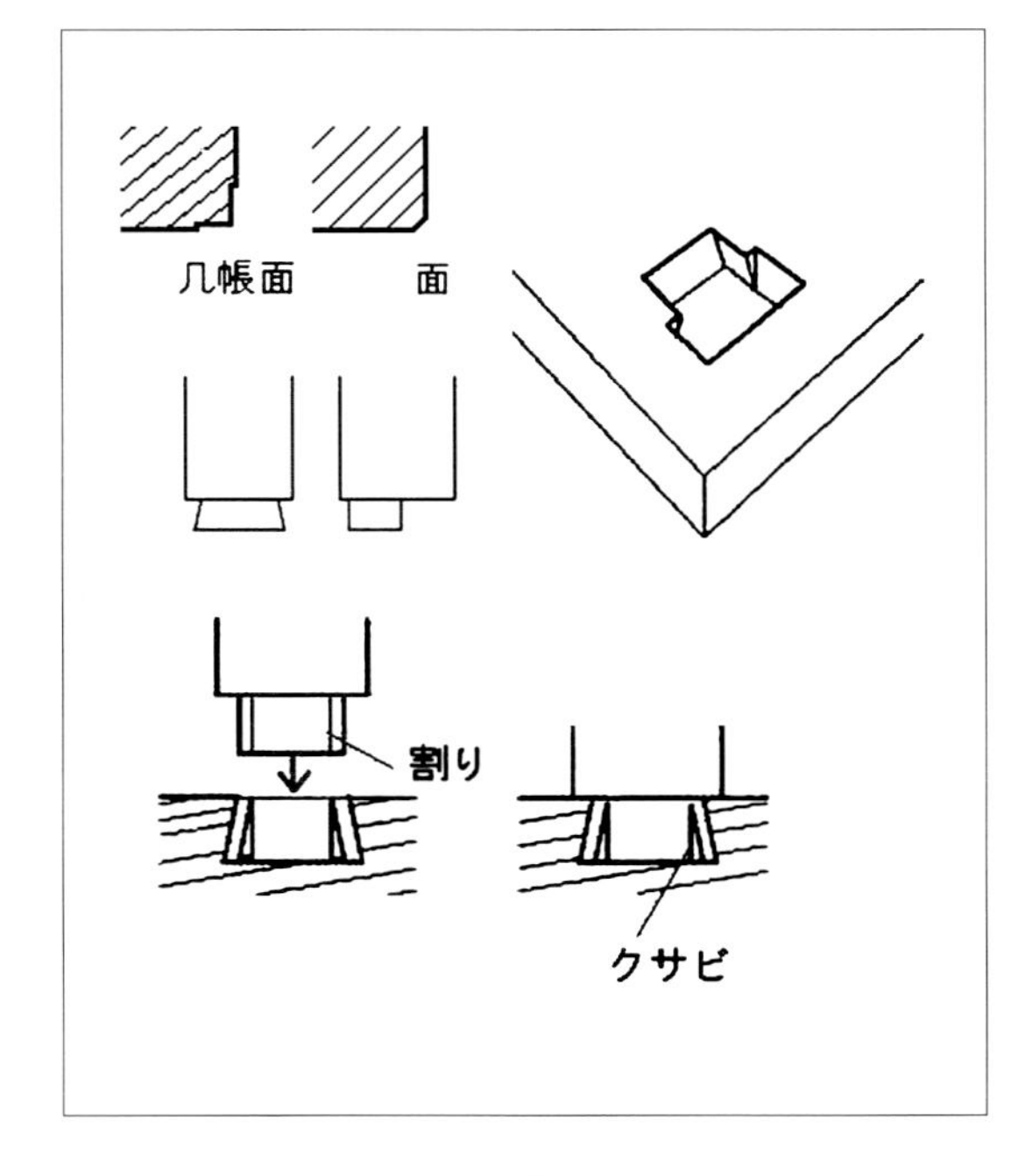

寄せ蟻（よせあり）

吊り束で、鴨居や格縁（ごうぶち）などを吊る場合に用いる仕口。えびつかの棚板との仕口もこれ。逃げ穴からさしてあり穴のほうへスライドさせます。

地獄ほぞ（じごくほぞ）

木部接合の仕口の一つ。よせありが逃げ穴からさしてあり穴のほうへスライドさせるのに対して、地獄ほぞは真っ直ぐに叩き込みます。ほぞ穴はあり穴の加工がされ、ほぞには割りを入れておき、割り位置にクサビを置いて打ち込むと、割りほぞの薄いほうは打ち込まれるごとに奥が開き二度と抜くことはできません。

木材

山林に生える木がある程度長くなったら、根元から切断して枝葉を落として製材所へ運び、所要の長さにさらに切断します。この時点で木材とか、材木と呼ばれます。

丸太

丸太を立てて、芯の両側で引き割った板材は木目が平行にそろって見える柾目材と呼ばれます。それ以外の板は木目が波打ち、木目幅が次第に広くなる木目板となります。

一本の丸太から柾目材は多くは取れません。しかし、芯から見て放射状にとってゆけば、全てを柾材とすることはできます。

陽明門には十二本の柱がありすべてグリ紋（渦巻き文様の彫文）が施されています。

グリ紋様は中国の堆朱（ついしゅ）のデザインなどによく見られる曲線の文様ですが、陽明門をくぐり終わるところ、北側（背面）の西から二本目の柱だけ一本が逆さになっています。「満つれば欠ける」の諺により不完全な柱を加えて魔除けにしたのではと言われています。「魔よけの逆柱」と呼ばれています。

陽明門は未だ完成されていません。

換気回数

1時間当たりの容積換気量が室容積の何倍かをいいます。

要するに、1時間の間にその部屋全部の空気何回分入れ替えたかです。自然換気、機械換気（換気扇）いずれの場合にも用います。

窓を何回開けたかでもないし、換気扇のスイッチを何回押したかでもない、自然換気で言うと、風のある日とない日では換気回数は異なるわけです。換気扇のほうは機種により換気容量が決まっているからぴったりと計算可能です。

注意しておきたいことは、換気回数1の換気扇を1時間回したから部屋の一〇〇％完璧に入れ替わったかというと、そうではありません。一挙に総入れ替えすることを意味しないから、古い空気が幾分か必ず残っているわけです。一酸化炭素や塩素系ガスなど猛毒のガスは1回の換気量で安心してはいけないのですね。

建築の　ことわざ

建築に関わる諺をあげてみよう

明るい家には金溜(かねた)まらず

陽光がいっぱい入っている明るい家には金は溜まらないという意味。そのために間口をせまくするなど、格子窓や格子を多くして光を防ぎ、暗い建て方をしていた。今ではこの逆で、暗い店先では客が入らない。極力照明を明るくして客をひこうとしている。明るい家を派手な家庭とすれば、やがて貧乏におそわれる、という意味になる。質素倹約の生活でなければ金はたまらない。

広き家は鞘鳴(さやな)り

身分不相応に大きく広い家は刀身に比して大きい鞘が鞘鳴りをするようなもので、かえって具合が悪いものだ。大きな家というのは実用にならず、かえってむだが多いことのたとえ。［俳毛吹草‐二］

家(いえ)売れば釘(くぎ)の価(あたい)

大金をかけた家も売りに出すと、釘にかかった費用くらいの安値になってしまうこと。［俳・毛吹草］

同種語に「家売らば縄の価」

梲(うだつ)が上がらぬ

「梲」は、梁の上に立てて棟木を支える短い柱。差し掛けの物置同様な家に住んでいて、梁の上に梲を上げられない、家らしい家に住めない、ということから、いつも逆境にあって幸せになれないことのたとえ。

家(いえ)の高いより床(ゆか)の高いがよい

広く家柄がよいとか先祖の身分が高いとかいうことよりも今、金持ちのほうがいい。家柄の高い斜陽族よりは身分は低くても生活の楽なほうがよい。

縁(えん)の下の力持ち；

辞典には「人の見えないところ知らないところで、いたずらに努力すること」とある。

なんと！「無駄な努力」という意味だったのだ。人知れず役に立っている、という賞賛のつもりで使った記憶がある。失礼なことを言ってしまったのか？！

縁はおよそ水に強い檜やヒバの縁甲板張になっていて、昔は毎朝ぞうきん掛けでピカピカに磨いたものだ。今は工業生産品オンパレード。塗装もかかっていて、時たま掃除機をかけるだけ。

そのピカピカを下から支えるのが根太（ねだ）という木材、それを下から支えるのが大引（おおびき）といい、大引はその下の土台や束に載っている。これらを床組みというが、それが腐ったり浮いたりすると床がきしむ。もちろん、縁の下は力持ちがいいし、役に立っている。

蝸牛も一家の主（あるじ）

カタツムリは弱い動物だが、しょっている貝の主人で、貝は小さくてもカタツムリにとっては楽しいわが家である。

小さな住宅でも、精いっぱい楽しく造るほうがよい。我が家はスーパーで安物をあさるのと同じ気持で建てるものじゃない。とてつもなく大きな買い物。うんと小さく、わくわくしながら大事に建てることだ。遠慮しなくていいから建築家に頼みなさい。

口たたきの仕事下手；

口ばかり達者で仕事はさっぱりなことをいう。多弁な者は実行することが少ない。最も高い音を立てるのは最も悪い車である。

物事を真剣に考えていると誰でも無口になるものだ。ぺらぺらとお喋りをしていて素晴らしい構想（仕事）が湧くはずがない。設計をプロに頼んで、相手が無口になったら、真剣に考えてるな！と察してあまり邪魔をしないのがよい。もっとも、建築家にも、その場はにこにこ、事務所にもどって頭を抱えるお調子者は居る。

工務店でいうと、愛想よく聞いてくれる営業マンがどんなにいい人だな！と思っても、かといって、いい建築を造ってくれることはないと考える方がまず正しい。何も考えないからこそ、何でもホイホイ受け入れる。破れたチリトリにパッパッてなものだ。（口応えなどしていたらそれだけ入金が延びる！）ハタ目にはまことに感じがよい。いつの間にか、失敗は全～んぶ「お客様の我がままのせい」。あとの祭りだ。

塔（とう）は下から組め

仕事をするときには、土台をしっかり固めてかかれということ。立派な塔は、立派な土台の上にのみ建つ。学問、技芸もまた同じ。

建築的にもそれが真っ当で正しい。物造りの基礎は心である。人の心も正しくしていないと真っ直ぐな作品はできない。一文字（いちもんじ）の瓦を葺くには、基礎を精密に真っ直ぐに造っておかなくてはできない。

なお、大工は材木を刻むとき、番号を下の材から、いの一、ろの二、はの一、というように振っていく。一等、最初のことを「いのいちばん」と云うのはここからきたのだそうだ。

豆腐に鎹（かすがい）

意見などいくらしても少しのてごたえもなく、効き目のないこと。かすがいは木材などの合わせ目をつなぎとめるために打ち込む両端のまがった大釘で、やわらかい豆腐にはいくらかすがいを打っても効かない。

このごろカンナをひいている大工を見かけることが少なくなった。鑿音（のみおと）さえあまり聞かない。工場で加工してきたものを現場では丸鋸で切るだけとひどい。手早く上げてお金にする、というのが基本らしい。こんなことだから、ちょっと眼をそらしていると豆腐に鎹を打つようなことをしている。上手な大工は、たしかにカンナも巧い。

糠（ぬか）に釘（くぎ）

米糠に釘を打ち込むのと同じように、ぜんぜんきかないこと。いくら意見しても、少しもその効果がないことなどにいう。（いろはがるた）「豆腐に鎹」に同意。

下手（へた）な大工（だいく）でのみつぶし

大酒を飲んで財産をなくしてしまうことのしゃれ。下手な大工はノミをまっすぐに打てず、こじるからすぐ刃をつぶす。飲みつぶれるまで飲んで財産をつぶすのと鑿の刃をつぶすのを掛けた軽妙な洒落だ。せめて傾いたり潰れたりしない家を造ってね。

マスコミの、巧（うま）いを上手（じょうず）いと書く無粋かな

さっきから「巧い」、「下手」が連発したので、この際言いたかったことを言っちまおう。

「上手い！」？……週刊誌ばかりかTVのテロップでさえ時々こんな字を使っている（最近の辞書には載せているのもあるが）。「下手」はへたと読み、「上手」はじょうずと読みたい。下手の対語を上手（共に名詞）といい、「まずい」の対語を「うまい」（共に形容詞）と言ったらどうだ！　形容詞の方にはちゃんと「拙い」「巧い」という字が折角あるんだ。

どうも、元々は技術の巧（たく）みさをいう「うまい」という言語はなく、味覚の「甘（うま）い」や「旨い」という字をあてたようだ。技芸の「巧み・上手」は元々あったのに、味覚の「旨い」を褒め言葉として使うようになったらしい。そこへ「上手い」と当てた無粋者がいたものらしい。すこし古参の分厚い広辞林には「上手い（じょうずい？）」を「うまい」なんて読ませる言葉は載せていない。「上手い」がいいのなら「下手い」と言ってもいいじゃないか、実に不細工だ。

「あんたみたく、すっごい大きい犬」…　形容詞あるいは連体修飾語が名詞を飾るのだし、形容詞（用言）を飾るのは副詞あるいは連用修飾語だ。「すごく大きい」と言ってほしいし、若者の崩した不良じみた言語に媚びて掲げる辞書は軽薄で、はしたない。辞書はもっと泰然としてたっていい。日本語はどんどん下品な言語に変わりつつある。

「宮殿（きゅうでん）建築には檜（ひのき）を使え」（日本書記）

民家は人が住むものですし、実用的な建物ですな。伽藍は建物そのものが礼拝の対象としての建物ですわ。杉と楠（くすのき）は船を造るように、槙（まき）は死体を納める棺にせよということも書いてありますな。檜は品がよくて、香りが高くて、長持ちする。

この檜、ただ素直で柔らかく、使いやすいというだけやおまへんで。新しい材料のときは釘を打つにしても軽く打てますが、時間がたったら木が締まって抜けなくなりますな。五十年もたったらもう抜けませんわ。下手にやったら釘の頭がぴ～んと飛んでしまいますな。檜はそれほど強い木でもありますのや。（法隆寺大工棟梁西岡常一）

「堂塔建立（どうとうこんりゅう）の用材は木を買わず山を買え」（口伝）

飛鳥建築や白鳳の建築は、棟梁が山に入って木を自分で選定してくるんです。「木は生育のまま使え」というのがあります。山の南側の木は細いが強い、北側の木は太いけれども柔らかい、陰で育った木は弱いというように、生育の場所によって木にも性質があるんですな。（西岡常一）

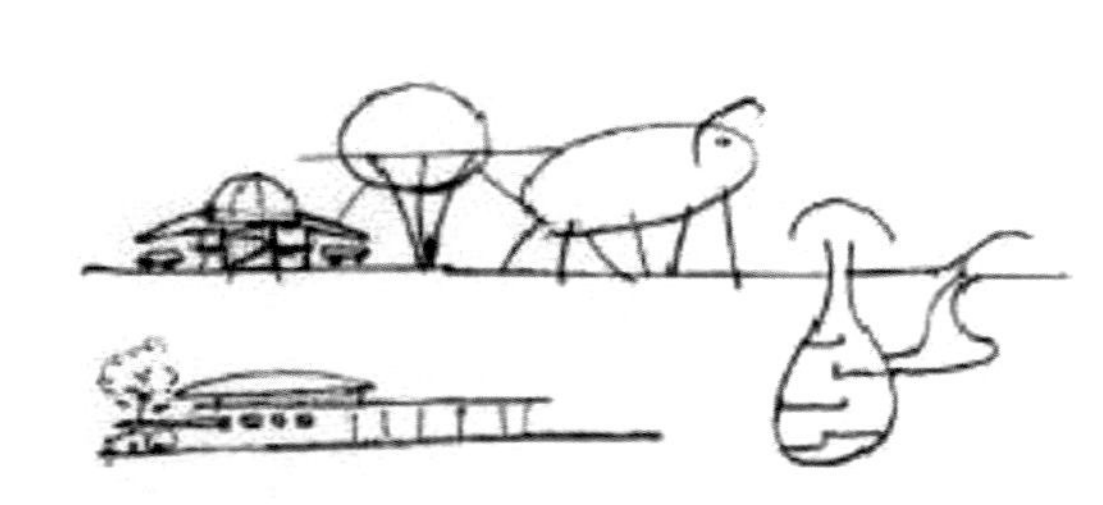

その二　迫真社 国語辞典

迫真社　国語辞典

ここでは編者の独り解釈を、それもそうかなと思えたものからピックアップしてみる。この偏屈者！と叱咤されそうなことを吐露する。

水（みず）

水は清らかである。美しい。…時に虹を産む。

水は生き物を育む。船を浮かべて運ぶ。

水は閉じ込める、溺れさす。水は崖を削る、破壊する。

人（ひと）

人は優しい、懐かしい。

人は賢い、おもしろい。

人は恵まれた生物だ。二本足がある。しかし、なかなか歩こうとしない。

人は残酷だ。欲張りだ、愚かだ。人は気の毒だ。

水から生まれた。だから人は美しい。水に似ている。

だから、人は…分からない。

灰汁（あく）

灰を水に浸した上澄み。植物の渋み。

普通に云うのは「上澄み」ではなく、浮いてくる異物のことを指すらしい。鍋料理で、自然に浮いてくるものを掬って取り除く。美しいものではない。

人的しがらみの中でも、不明朗なものを炙り出して取り除こうとすることを「灰汁を抜こう」なんていう。

こちらはなかなか抜けるものでない。

文明……発達した便利と知識

こう考えてみた。文明は知性と堕落の二面性を持つ。文明には三種ある。探求欲と金儲けと素養である。「探求欲」とは最も純粋なもので、言うまでもなく学問である。さしてあからさまな利益を出さないので政府もあまり力を入れない。

「金儲け」とは打算を契機とする技術である。これは発明と創造と享楽のために利用される。税収が顕著であるから、これは政府が優遇する。そのため、国民はいよいよ堕落する。

「素養」とは一般への理解である。二番目のものが往々に堕落を生む。

それに対し、文化にも思想、堕落、安寧の三種がある。

自戒（じかい）……自らを厳しく律すること。自己に厳しく心掛け、他人の羽振りはいいが心掛けの悪い手本にも厳として誘惑されないこと。そうしておれば決して身を持ち崩すことはない。

夢（ゆめ）

楽天的な希望と期待を指すことがある。睡眠中の夢と違って、一般的に明るいものをいう。しかし、大抵の場合、とうてい成就しない憧れのようなものだ。

自由（じゆう）

すべての人間が、自由を得るや、その欠点を発揮する。強い者は度を超え、弱い者は怠ける。—ゲーテ

評決（ひょうけつ）

常に当人の思い入れを失望させる。

軍人（ぐんじん）……小児に近いものである。

英雄らしい身振りを喜んだり、いわゆる光栄を好んだりするのは今更此処に云う必要はない。機械的訓練を貴んだり、動物的勇気を重んじたりするのも小学校にのみ見得る現象である。殺戮をなんとも思わぬなどは一層小児と選ぶところはない。殊に小児と似ているのは喇叭や軍歌に鼓舞されれば、何の為に戦うかも問わず、欣然と敵に当たることである。―芥川龍之介

ワープ……ゆがみ

宇宙空間のゆがみ。また、それを利用して超光速旅行をすること。

実際にあり得るかは疑問。そのゆがみは、寝ている人にも乗物で逃げる人にも、光は同じ速度で追ってくるという妙な前提から、アインシュタインの方程式で与えられるという。矛盾と錯覚を交えてひどく込み入った理論だから、素人が反駁するのは至難の業だ。

迷信（めいしん）

迷信は人間の本性につき物である。迷信をすっかり追い払ったつもりでいると、そいつは思いがけぬ隅っこに逃げ込み、いくらか安全だとなると、そこからのこのこ出てくる。―ゲーテ

風刺（ふうし）

修辞や漫画など誇張した表現で、ずぼし言い当てながら、やんわりと対象を刺す。つまりやっつける。さして悪気はなくても、冗談の通じない相手だと、思いのほか傷つき、侮辱と受け取られ猛反撃を食うことがある。デンマークの新聞に載ったムハンマドの風刺漫画でイスラム人が起こした暴動はこの例だ。

（2006年2月デンマークの新聞にムハンマドの風刺漫画が載り、イスラム国で暴動、デモ、デンマーク製品不買運動に発展）

熱狂の相対性理論（ねっきょうのそうたいせいりろん）
科学のふりをした狂気の祭り。主催者は熱狂した民衆と、それを起こしたマスコミ。

偏狭（へんきょう）
狭い了見。プライド高い種族に大抵備わっている。評論家、科学学会、出版社が典型。自分も時々そうなる。

相対論の狂気（そうたいろんのきょうき）
頭脳の不完全な物理学者と、権威好きと、ジャーナリストとの化合物に発症した。この狂気を治療しようとした正気の研究者たちは、（たとえばロシアでは）実際に精神病棟に送られた。まさしく狂気である。

マスコミ
一斉に同じ方向へ動く怪獣。間違っていても正すことはたいそう難儀であるか、不可能なことさえあるから恐ろしい。

ローレンツ短縮
物が高速で動くとき、動く方向へ寸法が縮む、という科学にしては怪しげな近代物理学理論。
超能力とか心霊術師とかオカルト信奉者ならともかく、普段は「ＵＦＯなんか無い」て顔した学者がまともに信じているから面白い。

勉強（べんきょう）
勉強は競争ではない。連体の糧である。自らの存在である。自分が受け持つところを見出すことである。それ以外のことに力が出せないからと、しょげることはない。まして、恨むことも。

有能（ゆうのう）

有能とは物識りでなくともよい。なぜならマルチァルによれば、有能な人は、常に学ぶ人である。

日本（にっぽん）

礼儀正しく均整に優れた奥ゆかしい文化と春夏秋冬、美しい自然を嘗て持っていた国。敗戦後、けなげに掲げた高い理想も、ようやく手に入れた資本と自由によって失われ、いまや公モラルも企業モラルも低落した国。

さらに絶望的なことには、その資本の活発を守るためには、美しかった自然をひたすら破壊し続けることから逃れられないようだ。

民衆（みんしゅう）

人類は「警告」を聞かない動物である。その塊である民衆もそうである。笑いや楽しみ事には興じる反面、埋もれた「警告」を書物で発しようとしても、そんな面倒な本はどの民衆も読もうとしないし、いかに大事だろうと売れない本を出そうとする出版社も、「人類則」によって滅ぼされる。

民衆2………民衆は実に整然と前に揃って並ぶから、こんなに御されやすい群れは無い。とても素直。羊のようである。ある種の危険や誤りを警告してやっても、聞こえないことがほとんどである。

建設（けんせつ）

自然を破壊すること。

上げ底（あげぞこ）

容器の底を高く作ったもの。

弁当やご進物によく用いられる手法。只で手に入るなら見栄えも結構。上げ底の底にあるのは空気で、原価は只同然である。騙しもこれくらい明け透けなら、ぬか喜びしてやる甲斐がある。

尻（しり）
人やサルには中間にある。
台尾。カンナの刃を出すために叩く部分も云う。動物では大抵最後尾につくことから、成績や競争で最も劣る者を指すことがある。
また、人が働くに、立ち上がる必要から、なかなか仕事に消極な者を指して、これが重い、などと表現される。その重い人を働かそうとするときに、カンナと同様「尻を叩く」ことがある。逆にすぐ動く軽率な者を、これが軽い、てな具合に使用される。

尻っ尾（しっぽ）
動物の最後尾につき、概して役に立たないもの。中にはバランスをとったり、木からぶら下がったりするのに少しは役に立つこともある。大して必要でもないので人には生えていないが、損な「役回り」として痕跡もある。そこへ皆、罪や悪の証拠となるものを移し替えながら切り落とし、人の目をくらましている間に当人は逃げおおせるという魂胆。

異変（いへん）……人が予想しなかったような変化。
人は思い込みによって生きている。異変は人が思ってもみなかっただけで、大概、普通に起こりうる変化である。その、めったに無いはずの変化をいち早く感じ取る能力は、生存するのに大事な感覚である。その感覚も、文明が進化するほどに、衰えていく宿命なようだ。

ゴキブリ
ゴキブリ目に属する昆虫。病原菌を媒介する。
「厭な奴」の代名詞にされることが多いが、ゴキブリには気の毒だ。あの平らたさ、光沢、逃げ足。歩くときの鼓膜の奥が穿（ほじ）られるような足音。実は私もきらいだ（すまん！）。
嫌われたいときの手法にいい参考になる。生命力には見習うべきものがある。

民主主義（みんしゅしゅぎ）
往々、多数決主義のことを云う。正しかろうが邪悪だろうが、他人事を大勢で決める。だから、個人がおろそかにされる社会体制。

公害（こうがい）
人間活動の吐き出すものが、他人の安心や健康を害するものである、というが、森林や原野、海水あるいはそこに棲む動植物たちにも及ぶのだということも忘れないでくれたまえ。…生物たちからの伝言

アイロニー………あてこすり、ひにく。
それは品よく遠まわしに行われる。その対象であるはずの当人は素養の薄い場合が多く、寓意の通じないことがある。いわゆる、蛙の面（つら）に水、効およばぬことを承知しながら淡白に罵（ののし）る言葉。

虫（むし）
弱いこと。わざわざ「弱虫」ともいう。がまん強いほうでもないらしい。謙譲の意をこめて「固執する」ことも言うが、その意味で他人に言われると「侮蔑」や「愛情」に感じることも。
殺す値打ちもないときに言われると、こんなにしょげることはない。「われわれはもう虫を殺すことはまっぴらだぞ」―シェクスピア劇『ロミオとジュリエット』から、サムソンの台詞。

猜疑心（さいぎしん）
どんなことにも疑ってかかる心。
生まれながらに持ったものもあれば、気の毒な境遇から体得したものまである。疑いが晴れたら晴れたで、その晴れたものを更に疑う。刑事や泥棒にだけは必要な心掛けかもしれない。

自負（じふ）
自信に満ちた生き方を通すには必要なものである。しかし、度が過ぎると「高慢」ともとられやすく、世の風当たりが強くなる。オースティンの『自負と偏見』は訳者によって『高慢と偏見』と題されるものがある。
ゲーテ曰く、自負しすぎない者は、自分で思っている以上の人間である。

嫉み（ねた）
憎みは積極的不満で、嫉みは消極的不満である。それゆえ、嫉みがたちまち憎みに変わっても怪しむにたりない。―ゲーテ

哲学（てつがく）
よく見ると、およそ哲学というものは、常識をわかりにくいことばで表わしたものに過ぎない。―ゲーテ

評論家（ひょうろんか）
評論家は虐（しいた）げられし渦中には居ない。安全な外にあって、同情の弁を論じる。論じられたからといって、弱者が救われるわけでもない。評論家本人も、そんなことに興味を持ってはいないし、自分が置かれる境遇でもない。自らの成功が、自らの身分を保証している。

自棄（じき）
自己を捨て自己を忌み嫌うこと。自己を大切にしていない点で物欲や雑念を捨てる「解脱（げだつ）」とは異にする。解脱は自分より出るが自分を捨てない。

解脱（げだつ）

俗世間の煩悩から抜け出すこと。それには人としての厳しい戒律がある。ただ単に気に入らぬ全てのことから逃げ出すのは「怠惰」に過ぎない。

脱皮（だっぴ）

脱皮できない蛇はほろびる。その意見を取り替えていくことを妨げられた精神たちも同様だ。それは精神であることを中止する。

逆鱗（げきりん）

君主逆鱗が語源。龍の胸に一枚だけ逆に生えたうろこがあり、これに触れると怒って突き殺される。同じものが君主にもあり、触れられると激怒するところがあるから注意が要る、という。龍は虫だから、同じ説得をするなら、どこが逆鱗であるかを良く知ってから上手にしなさい、ということ（『漢字成語をよく知る事典』）。

友情（ゆうじょう）

性別を超えて友人を愛し、自らに近く正しく優れた位置に置きたいと思う心理。

純真

心に混じりっ気のないこと。なぜか社会と上手に接触するに連れて、それは次第に損なわれていく。こうなってしまった自分に、もう一度ほしい心だ。

真実（しんじつ）

権威に汚染されないこと、または物。ところが、往々にして、それを武器に自己の正当化のために「これは真実だ」という具合に利用される。

親炙（しんしゃ）

その人に近づき親しんで直接に感化を受けること。「炙」は、火であぶる意。肉を火で焼くように、立派な人に近づき直接に教えを受けること。

（故事ことわざ辞典）

幸せなことに、親炙をたまわった先生が筆者にも少なからずある。

正直（しょうじき）

嘘偽りのないこと。「正直者」とは甚だ概念的な存在であり、この社会でこれほど存在が信じられないものはない。社会の大方は不正直者から成り立っている。しかるに、正直者がこの社会の害になることが頻繁に起こる。

真理（しんり）

侵すべからざる道理。

空間（くうかん）

物質の入れ物。空虚な入れ物。

物質を入れると空間はその分減るか？排除されたとすると、その空間はどこへ行く？

物を入れても空間は混まないの？いくらでも詰め込めるの？　すると空間は元々零なのか？それとも物が元々零なのか？では体積とは一体何？

治癒力（ちゆりょく）

自然に備わっている元へ復する働き。

穴が空いたら、その穴を埋める働きである。水の表面では分子が整列しようと、空きがあればたちまち分子が転がってきて埋める。その結果表面張力が生まれる。埋められたときが治癒である。

本来と異質なもので埋められることがある。これは厄介だ。癌細胞しかり。地表を人類が埋め尽くすと厄介だ。

拒否反応（きょひはんのう）

生命維持の上で必要不可欠な生体反応。その生命体の組織秩序を乱す細胞を排除しようとする。それで在来の生体組織を純粋に保つことが出来る。移殖手術のためにこの反応を抑えると、本来でない臓器細胞が増殖したりするから多種の病に冒される事がある。

社会組織でも、組織の既得権益を守るためによく拒絶反応を示す。

先覚者（せんかくしゃ）

学問や見識に優れた人。世間の人に先んじて、物事の道理や移り変わって行く先を覚る人。

評論家2

評論家は資本主義を助長する。自由主義とは、弱肉強食を保障する論理。社会主義は人を怠け者にするが、資本主義は貧富を別け地球を荒らす。

時（とき）

時はよく用いるものには親切である。（ショウペンハウエル）時を短くするものはなにか。活動。時を耐えがたくするものはなにか。安逸。（ゲーテ）

足（あし）

秋の陽の—。机の—。お—。—を洗う。—がつく。最初のは「時」、二番目は支え。次は賃金とか出て行くお金。赤字のときはこれが出るともいう。四番目と五番目は悪事を指す。

—で稼ぐ、情報は—で集める、人を口説くには—しげく通う、などは汗して働く意味。雑多な役をするのが足のようだ。手先ほど器用ではないが、働き者ではある。

舌（した）

悪いことをすると地獄の入り口でエンマ様に抜かれる。それほどであるから、武力より強いとも云われるけだし、悪知恵のことが多い。ことに、二枚舌とか舌先三寸とか云い、詐欺師や山師、代議士がよく使う。たいがい笑顔につられ、その舌に丸め込まれる。相手の上手ぶりに失語するほどの場面では、これを巻くとも云う。

富（とみ）

一般に財貨の豊富なこと。

富によって何不自由のない生活が保障される。しかし、「幸福であること」とは直接同じではない。なぜら、お金で買えない大切なものがあり、それは財貨ではない。

豊かさ

富が財貨の豊富なことを云うに対し、こちらは、どちらかと言えば精神的豊かさを云うようだ。心の持ちようで金は持たなくても手に入ることがある。

豊かさ

豊かさは節度の中にだけある。―ゲーテ

悪運（あくうん）

悪事をして栄える運。悪い運命のことも云う。

世の中がすさんでくると、悪事を働く会社ほどよく儲けをあげ、ピカピカのビルを建てる。そんな時勢では誠実善良な者は片隅へ追いやられる。「無理が通れば道理引っ込む」。

悪事で儲けている者が躓かず、のうのうとしていることを「悪運が強い」と云う。ところが、麻痺して助長してくるからいずれ発覚する。これを「悪運」と呼んでやるのは優しすぎまいか。

貪（ぼ）**る**

暴利をむさぼる意に用いられている。はやりの最初や最後をとった短縮語かと思えば、「貪る」は『日本永代蔵』にある語だから、ムサボルの上略語とするのが正しいようだ。ラテン語にVorare（貪り食う）、ギリシャ語に borâ（food）とある。

世間では「ぼられる」とは、よくだまし取られるときに使っている。語源のとおり食い物にされる。

名月を
とってくれろと
泣く子かな

思いようでは 矛盾草

一旦なるほどと思うが、後でちょっと違う味がすることばがある。矛盾草として集めてみる。

正統派（せいとうは）

政治でいえば、権力者の意見。学問で云えば、権威者の意見。一般社会では、資本家の論理。どれからも、好ましい結論が得られるとは限らない。

利己（りこ）

利己的でない好意的な行いが、最も美しい利子をもたらす。―ゲーテ

生きる
死ぬ気があれば自由に生きられる。―ガンジー

男らしさ
勢いがいい。力強い。
こだわらない。潔(いさぎよ)い。したがって、もろい。

女性的(じょせいてき)
忍耐強い。だから執念深い。
靭性に富む。その代わりパニックに弱い。
生命力に富む。そのため男を堕落させる。
柔和である。そのせいか誘惑に弱い。
優しい。だから情念は暗示にかかりやすい。
心が広い。そこで悪を許す。

宇宙(うちゅう)
微小で巨大なもの。
人体も鶏卵も、蚊より小さい虫の体から一つの細胞まで、更に言えば原子の世界も、それから地球を含む銀河も、それぞれ宇宙であり宇宙の一部である。

人類(じんるい)
地上に現れた最も優れた生物である、
…というのは嘘。最も愚劣な と言った方が当たっていることが多い。
地球上の生物中、人類だけが限度のない欲望を持つ。どんなに頭脳が進化しようとも、それゆえに産業も人工環境も繁殖するだろうが、それを制御する能力を持たない。そうすることは「落ちこぼれ」か「敗者」になることを意味するから、そういう遺伝子は発生しないし、発生してもすぐ消滅するか潰される。
だから我欲と唯我の頭脳によって必ず絶滅することになっている種である。

馬脚(ばきゃく)
うまく行っている間は悪を働いていたが、あまりに「人はみんなカボチャ」と侮っていると、いつか足元

から足がついて馬だと知られてしまうことを云うようだ。
他の生命(ひと)を軽んじたり、他の生甲斐を踏み躙ったりすることで利益を上げている者は、いつかこれを現わす。その馬に乗る心掛けのよくない者たちも、芋ずる的に捕まる。（2005年12月建築構造計算書偽造問題）

化合物（かごうぶつ）
それぞれの二つが結合すると、例えば炭と酸素のように元の性質を変えて凶暴になったりする。性質が変質する。
例えば優秀＋清浄は、モンテーニュに言わせれば、これは怪獣だ。社会党の自民党との連立などもこれだ。

相互理解（そうごりかい）
「相互理解」という言葉自体、もともと無理な響きがある。相互理解はしようとすればするほど、縺れてくるようだ。言葉の通じない相互〝不〟理解が平和の基であることもある。

偉大(いだい)な頭脳(ずのう)
学識者の頭脳は、意外と太古の原始人からほとんど進化していない。130億光年遠方で生まれたばかりの星の発見と、それが140歳であると云うビッグバン誕生説とが互いに混乱しないのだから…。この人たちの物分りのよさといったら、高橋尚子さんと私が競走していても、それぞれが見る光の速さに対して、全く同じ早さであるという公平さである。

アインシュタイン祭り
人は祭りという狂気を持つ。そういうとき頭は沸騰して、理性は働かない。

ビッグバン理論

宇宙誕生を説明する理論で、ある種二分の一の頭を持つ科学者の頭の中で、脳味噌が破裂したために出来たらしい。最初の小さな熱球がどうやって出来たかのほうの半分は、だから説明できていない。

矛盾（むじゅん）

前後のつじつまが合わないこと。昔、盾と矛とを売る人があり「自分の盾は非常に堅くて、どんな鋭い矛でも、突き通すことはできない」といい、また「自分の矛は非常に鋭く、どんな堅い盾でも、必ず突き通すことができる」と自慢した。そこで、ある人が「お前の矛でお前の盾をついたらどうなるのか」というと、その人は返事ができなかったという故事。〈韓非子〉

不具（ふぐ）

人が普通に持つ自然の恵みに欠けること。

しかし、往々に、普通人より優れる。なぜなら、欠けた部分に倍の恵みを神は与える。純真という最高の美徳を。

有識者（ゆうしきしゃ）

断片がたくさん頭に詰まっている人たち。この人たちが集まって北朝鮮のテポドン実験の話をすると、われ先に口を突いて、今にも恐ろしい結論が出そうになる。

権力（けんりょく）

不条理を、自らは罰せられることなく通せてしまう安楽椅子。またはこれに座す者の横暴。その椅子には抗しえぬ魅力があるらしい。

阿漕（あこぎ）

度重なること。たいそう欲張りなこと。

欲張りとは、他者への分配を減らすことであるから自己満足だけがある。しかして、人の尊敬を集めないのが確実だから、阿漕が手元に残すものは孤独である。どうせの孤独が阿漕を働かしめることもあるが、これは気の毒と言えば気の毒だ。

ロボット……機械人間

自分の考えがなく他人に操縦されて動く人。チェコの作家K・チャペックの造語。

すると、人間のほとんどはロボットと言ってもいいかもしれぬ。

虹（にじ）

虹は私の希望のようである。追えば逃げ、去ろうとすれば追いかけてくる。

虹は僕の理想のようだ。掴まえたら、きっとつまらなくなろうが、掴まえ得ないから、永遠の希望でありつづける。

虹は美しい。

虹は和ませる。

ただ眺めていれば満足だから。

異常気象（いじょうきしょう）

天候の荒れは太古からあったかもしれないが、ニューヨークの大雪、未曾有のハリケーン、鯨の座礁、エルニーニョ…。このところ気象の荒れは激しくなったような気がするが気のせいだろうか。

本当に、乾いた陸地が増え極地の氷が減り、大気の破壊が原因だとすると、近年にも天変地異が起こりはせぬかと心配になる。気象が異常なのでなく、人工の侵蝕に自然が正しく反応しているのではないかしら。

女心（おんなごころ）

女心は虹のようだ。追えば逃げ、逃げ出すと追いかけてくる。

虫（むし）……原始的な小さい生物。

しかし侮るなかれ、身長わずか一ミリの虫が微細で絶妙な関節を持ち、危険を察知して素早く逃げる。一秒間に何十回も翅を正確に羽ばたくように、人は一度も間違えることなくその両手をそれほど長い間振りつづけることができるか？と問い返されたように思える。

自由主義（じゆうしゅぎ）

よく自由奔放主義と間違えられ、自分さえ良ければいいという都合主義にも同義ほどになっている。利己こそ正義ということになる。だから、たいがい自由主義では他人を害するか、人を怠惰にさせる。それに、人を誑かすほど、利を富ませることになるようで、それらは、はためく自由主義という旗の下にある。

しかもそれが正当とされるなら、そんな時代では真面目に人の為になろうとする者はおよそ虐げられている。自由こそ悪である。

信頼（しんらい）

信頼ほど当てにならないものはない。ブルータス・光秀・高い地位についた権威者・…実例に事欠かない。

露悪家（ろあくか）

悪そうな態度や行為をわざと露わにする人。

いかにも偽善者たる態度で、わざと悪そうに行う照れ屋の善を言うことがある。露悪家の心は、案外、偽善よりいい。夏目漱石の『三四郎』で、広田先生が解説している。褒めてはいないが…。

お人よし

猜疑心を少しも持たなくて、他人を疑うことをしない人。とても好感が持てる。とてもいい人だ。しかし、被害に気づかず、犯罪人を育てるという害を誘発していることもある。

特権（とっけん）
「人権」とは異なり、この人ならもっていて、あの人はもたないといった権利。おうおう、これを「人権」と呼び違えていることがある。だから、「犯罪少年の特権」擁護が、平気で「被害者の人権」を蹂躙する。

平等（びょうどう）
立法者にしろ革命家にしろ、平等と自由とを同時に約束する者は、空想家にあらずんば山師だ。――「反省と格言」ゲーテ

自由民主党（じゆうみんしゅとう）
これほど看板と中身がちがう党はない。民主主義とは国家権力から民権を守ることを言う。正しく理解されていない民主主義は国家権力に利己主義者が加担する。こんなに恐ろしいこともない。その意味なら、こちらは看板と合っている。

愛（あい）……憎むようになった前の状態。
愛は不変である。愛は無欲である。愛は懐かしい。愛は最も強固な欲望である。

相棒（あいぼう）
ペアで働き、ペアで意味をなす片方に対する片方。スリ、漫才、軽業、夫婦そのほか色々な二人組みに存在する。悪事を働き、善行をほどこし、愛を育む。不思議なのは、どの場合も組んだ相手を信頼して成り立つ。

秋風（あきかぜ）
秋に吹く風。嫌気がさすこと。
春の芽生えで満ちた希望を目いっぱい燃焼した夏のあとに来る秋は「飽き」に通ずるのか、熱かった愛が去るとき増すのが食欲。欲心も枯れれば、身体は爽やかになる。「無欲の悟り」には、だからこの時節が入り易い。

善（ぜん）
他人の幸福のために行う行為。
無理をしたり、見返りを期待したり、自己満足のためにする場合には「偽善」へ分類されることがある。分類してみると大抵偽善へ入ってしまう。すると、なかなか無欲の善は難しいものだと分かる。

道徳（どうとく）
道徳は「便宜」の異名である。「左側通行」と似たものである。道徳の与えた恩恵は時間と労力との節約である。道徳の与える損害は完全なる良心の麻痺である。—芥川龍之介

道徳（どうとく）
我我を支配する道徳は資本主義に毒された封建時代の道徳である。我我は殆んど損害の外に、何の恩恵にも浴していない。—芥川龍之介

親友（しんゆう）
唯一、信頼を裏切られることのない友情の友。
何故なら、信頼は損なうべくして損なう。損なわれるべき絆では、初手から親友たり得なかったから。

看破（かんぱ）
無知な正直者がしばしば最も巧妙な食わせ者の手管を見抜く。—「反省と格言」ゲーテ

雪辱（せつじょく）
汚名を晴らすこと。いちど貶めた名を取り戻すことは一筋縄ではいかない。何も無かったときの倍の努力が必要になる。
雪辱戦とは負けた試合に勝ち直すことを言うが、負けたのを雪辱とするのは、考えてみれば甚だ相手に対して失礼な心根だ。

雪（ゆき）

水の結晶で、花のように空からふわりと降ってくる。濁りのない純白なので、白いものを表わす最高級の形容詞になる。雪のように…、と。雪になる前の水は透明で、どんな色も通過させてしまうので本来なら黒である。それが結晶すると六方へ無数の枝を出すから、あらゆる色を反射し全ての色が混ざった光は白になる。だから白とは混じりっ気のないもの、ではなく全部の色を持つものである。本来なら「純白」と言うのは変だ。全ての人の意見をいれた決まりなども、白紙にひとしい。

無難色（ぶなんしょく）

無難は陳腐の流行である。なんでグレーがいいものか！色こそ生の営みである。

2006・3・18テレビ放映によると、イタリア文化会館ビルの赤（暗赤色）の格子が社会から轟たる非難をあびた。だがその両側は石貼りであったし、都市景観の映像から察して神社の鳥居ほど派手でない。これを批判する趣味者が尊ぶ、グレーの風景のどこがいい。鳥居がよくて、これが悪いか？

成就（じょうじゅ）

努力の賜物である。

成就は熱望を終わらせること。すると「諦め」も成就である、もはや熱望しなくてもすむから。

「敗北」とも同じ。ただし、遠吠えが見苦しいのは、それがいまだ成就していないことへの拘りの証拠だから。

どん底

最も人が逞しくなる時。どん底よりもっと深い底へ落ちないよう、懸命に生きようとするから。

勇気（ゆうき）

振り絞らなければ出てこない。だから、臆病だ。振り絞らなくてもできることは勇気ではない。だから、勇気は臆病だ。

謙譲（けんじょう）

謙譲は傲慢の裏返しである。

——と妹が言った。なるほど…と私は感心したのだが、妹はその妹になじられていた。

便利（べんり）

もう一概に「不便の無いこと」、とは言えなくなった。進歩した自動システムの「便利」は、人がやるべき多くのことを省いてくれるが、そのシステムが破壊されるや、それで生じる不便をなくすことすらできない。全自動エレベータが停止すると、逃げようにも逃げられない。通信や電子システムの断絶による自動支払機の停止。全自動操縦の飛行機も怖い。

ロイヤリティー

特許権や著作権の使用料。ロイヤルの綴りをLで始めると「忠実な」、Rで始めると「王立の」とか堂々としたという意味で、Lのロイヤリティーは「忠誠」、Rのロイヤリティーが著作権などの印税ということになる。今の世の中、市場で最初に権利を押さえた者が王者となれる。

ロジック

論理。論理学。アルゴリズム（演算手順。処理順序）。一見論理的に聞こえる論理風なロジック（屁理屈）で、ごまかされることもある。

歓楽哀情（かんらくあいじょう）

喜びや楽しみを満喫しつくすと、やがて心の底から空しい淋しさがこみあげてくるということ。自然を破壊すること。

身体髪膚（しんたいはっぷ）
髪も皮膚も、体の全てを傷つけないことが親孝行の始めという教え。「身体髪膚、これを父母に受く。敢えて毀傷せざるは孝の始めなり（開宗明義）」
ところが、時勢ではヘアダイ（髪殺し？）と云い、茶髪に染め、嘆かわしい親不孝が流行っている。その親さえそれをやるようだ。

折檻（せっかん）
折檻諫言（せっかんかんげん）と云い、家臣が君主を命がけで諫めること。
しかし現在では、力のある者（親など）が弱い者（子供など）を過度に叱ったり仕置きをしたりする意味で使われるようだ。外で受けた鬱憤を子供に向かわせるようなら、子を歪ませる。

排出権（はいしゅつけん）
自然破壊につながる炭酸ガスなど温室効果ガスを抑制するために、工場からの排出量を制限する国際法がある。
排出権とは工場が炭酸ガスなどをある決められた限界まで排出できる権利。この権利は売買できる。

排出権業（はいしゅつけんぎょう）
排出権は売買できる。日本や先進国が、制限の緩い途上国のコークス炉ガスといった排出ガスを軽油などの有用ガスに作り替えて減らし、その減らした分を自国の工場から規定より多く排出できる権利を買い取る。途上国で出るはずのガスを自国で、自国の基準より余分に排出できるという仕組みだ。よく考えてごらん、物凄く変だ。
そうしていいですかと、森林・動物たちの意見も聞くべきだ。どんな頭をしてるんだい。その排出権を売買して儲ける仲介企業が現れる。こんな頭たちで自然破壊が止められるわけがない。

人間社会（にんげんしゃかい）
教育の場では美しいもののように教える。これほど醜いというか、絶望的な代物はない。

天国（てんごく）
人間世界の裏返しのようなところである。
人はそこに存在することはできない。なぜなら、天国では欲望というものが存在しないらしい。人が決して無くすことができないものが欲望である。死ねば欲望も消えるから、そこへ行けると信じられている。ほんとかしら。じゃ、何のための天国かしらん。

明哲保身（めいてつほしん）
聡明で道理に従って物事を処理し、その身を全うする。広く事理に通じ、賢明なやり方で出処進退を誤らなかった賢人の処世術に云う。

なんか気になることわざ

自分に関係あるかもしれない諺を挙げてみましょう。

氏より育ち

家柄や身分よりも、育てられる方が人格の形成に大切である。人の価値は、血統よりも、環境や教育や努力によるところが大きい。（いろはがるた）

縁の下の力持ち

せっかくの力持ちも、縁の下にいたのでは認められない。他人のために陰にあって骨を折るばかりで、世の中に知られないことをいう。（いろはがるた）

木に竹を接ぐ

物事が調和しない。前後のつりあいが悪い。筋道が立たない。木と竹は似ているが、種類が違うので、木に竹を接ぎ木することはできない、という意。

食らえどもその味わいを知らず

精神を集中してやらないと、何事も身につかないたとえ。心が他の事に奪われている時は、何を食べてもその味がわからない。

君子は交わり絶ゆるとも悪声を出さず

人徳のある人は、絶交するようになっても決して相手の悪口を言わない。

高所へ至るに人の背を用いるべからず

高く登ろうと思うなら、自分の脚を使うことだ。高いところへは、他人によって運ばれてはならない。人の背中や頭に乗ってはならない。（ニーチェ）

三遍回って煙草にしょ
夜回りが、三度見回って異常のないことを確かめてから、ひと休みしてたばこを一服する。念を入れてよく調べて仕事に手落ちがないようにせよという戒め。（いろはがるた）

地獄の沙汰も金次第
死後に行くと言われる地獄・極楽の行く先を決定する、厳正と言われる閻魔の判定も、結局は金を出せば有利な判定をしてもらえる。ましてこの世の中は金の力で左右されるものである。どんなにむずかしいことでも、金さえあればどうにでもなる、という意。（いろはがるた）

事実は小説よりも奇なり
この世に実際に起こる出来事は、虚構の小説以上に不思議な巡り合わせや、複雑な変化に富むことがよくあるものだ。

失敗は一種の教育だ
失敗は一種の教育である。「思考」とはなんであるか知っている人間は、成功からも失敗からも、非常に多くのことを学ぶ。（デューイ）

失敗にこそ誉れ
何かあることを試み、そして失敗する人間のほうが、なんにもしないで成功する人間より、どれほどよいかわからない。（R・ジョーンズ）
たとえ失敗しても何かに挑む精神を讃える、という意。

上梓（じょうし）

書物を出すこと。「梓」はあずさ（正しくは、とうきささげ）、版木や棺を作るのに用いる良材。昔の書物は版木に彫って刷ったものだから。

正直者（しょうじきもの）が馬鹿（ばか）を見る（みる）

悪賢い者は、ずるく立ち回って得をするのに対して、正直者は、まじめなためにかえって損をし、人から愚か者呼ばわりされることすらある。

真実（しんじつ）を語る（かたる）社交（しゃこう）

社交の秘訣は、真実を語らないということではない。真実を語ることによってさえも、相手を怒らせないようにすることの技術である。（萩原朔太郎）

真理（しんり）のために闘う（たたかう）孤独（こどく）

われわれはみな真理のために闘っている。だから孤独なのだ。さびしいのだ。しかし、だから強くなれるのだ。（イプセン）

すぐれた人間（にんげん）

すぐれた人間の大きな特徴は、不幸で、苦しい境遇にじっと耐え忍ぶことだ。（ベートーヴェン）

雪中（せっちゅう）の松柏（しょうはく）

節操が極めて堅いこと。松や柏は常緑樹で、寒い雪の中でも葉の色を変えない木であるから、困難の中にあっても節操を変えない人にたとえる。

背（せ）に腹（はら）は代え（かえ）られぬ

背中のことのために腹を代用することはできない。目前の重大なことのためには他を犠牲にすることもやむをえない、という意。（いろはがるた）

注がれた葡萄酒

注いだぶどう酒が飲まれるわけではない。当然実現すると思っていたことが一歩手前でだめになることもある。事はいざなろうとしても、なかなかならないものだ。

力尽くさんとして斃れる人

自分の力以上のことをつくり出そうとして、そのために斃れていく人を私は愛する。（ニーチェ）

敵に学べ

ときには、敵のほうが正しいこともある。というのは、人間の心は生まれつきはなはだ利己的であって、どんな論難攻撃をもすべて自分に対する侮辱だと感じるからである。（ヒルティ）

堂に升りて室に入らず

学問・芸術などが、相当高い水準に達しているが、まだ深い境地には達していない。「堂」は客間、「室」は奥の間。〈論語〉

人の己を知らざるを患えず人を知らざるを患う

人が自分の真価を認めてくれないことは気にする必要はないが、自分が人の力量・才能を知らないことを患えるべきである。〈論語〉

人は一代名は末代

人の肉体は一代限りであるが、業績や名誉は長く後世に残る。

人を呪わば穴二つ

人を呪い殺そうと思えば、その人を埋める穴のほかに、自分を埋める穴も用意する必要がある。人に害を与えれば、自分もまたその報いを受ける、という意。

船に刻みて剣を求む

時勢の移り変わりを知らずに、古い考えや習慣を固く守ることの愚かさのたとえ。川を渡る途中で船から落とした剣を捜すために、落とした場所の船べりに傷をつけ、向こう岸に着いて、その印のところから水に入って剣を捜したが、見つからなかったという故事。

降りかかる火の粉は払わねばならぬ

自分の体の上に、降りかかってくる火の粉は、払わなければ自分の身が危険になる。人から危害を加えられる時には、自分にやましいところがないからといって、澄ましているわけにはいかず、それを防ぐ行動に出なければならない、という意。

古川に水絶えず

一見涸れているように見える古い川も、実は地下の流れがあったりして、水が絶えることはない。元金持ちであった家は、落ちぶれてもなお残りの財産や利権があって、たやすく尽きることはない、という意。

無理が通れば道理引っ込む

道理にはずれたことが公然と世の中に行われると、道理にかなったことが行われなくなる。道理に合わないことのほうが、世に行われやすいことをいう。「無理が通らば道理引っ込め」ともいう。

〈いろはがるた〉

和(わ)を以(もっ)て貴(とうと)しとなす

何事をなすにも、人々相和して行うのが最も貴いのである。聖徳太子が制定した「一七条の憲法」の第一条にある言葉。

fig. 2

第二部　各地点描

現実や実情の変動も、心しておくのがよいかもしれない。少しだけ、国内各地を訪れ、直面したことのあることを、気ままに書き留めてみよう。旅行紀に似たものだが、各地の記録をなるべく事実のままに、拾ってみる。

各地点描　目次

長崎

行き当たりばったりだから、長崎をはじめ重
要かどうかは気にしないことにする

風頭公園

長崎駅前からバスで、料亭旅館矢太楼などがある高いところへ行くと、長崎港が一望できる。道を下って風頭公園に向かう。標識などの「竜馬竜馬」と、むやみに案内されるままにゆくと、わきに見えた標識は竜馬にさほど関係なく、「上野彦馬の墓」とあり、「上野彦馬は幕末の長崎が生んだ我が国写真術の始祖であり彦馬が写した坂本竜馬や桂小五郎などの写真は余りにも有名であります。幕末維新動乱時代に職業写真家として苦難の道を切りひらいた彦馬の生涯と偉大な業績が日本写真発展の基礎となって生きつづけています。」とある。

その先へ行くと竜馬の銅像がある。

そしてすこし離れたところに展望所が設けられている。そこから長崎港や市街地をみおろせる眺望を楽しみ、風頭公園から降りていく。それからさらに「亀山社中」へと誘導される。曲がりくねったくだり坂を。

亀山社中

ここは倒幕の志士たちの、いわばアジトというべきものか。

だいぶ歩いてくたびれた。ここから市街へ下る。その道を逆に登ってくる人たちがいる。観光案内図からはこんなに傾斜になっているとは思ってもみなかったに相違ない。自分は下りだからわけもないが、気の毒だ。

深崇寺

亀山社中から降りてくるとここへ出た。下り道の右側に禅林寺があり、左側には深崇寺がある。おもて通りまで出てからその寺を見ると、門構えは思ったより立派だ。こちらが正門であろう。登ってくる観光客がまず見るのはこちらだろう。

絹笠橋（きぬがさばし）

深崇寺からおりてくるとここへ来た。派手な看板には「中国菜館 慶華園　専用駐車場」と書かれ、「駐車をされる方はフロントに申し付けください」とある。公の道路に、お行儀のよさといいますか、天衣無縫といいますか、いかにも中国らしさが偲ばれましょうか。元々、中国は日本の友人だ。

足は棒になったが、昼飯で休んでいるうちに元気を回復、陽もまだ高いことだし、一本足鳥居まで足を伸ばしてみるか。

一本足鳥居

大学病院前電停から山王通りへ登り、山王通りを少し歩いたところの交差点から坂と石段を登ると、被爆して半分に壊されてもなお、踏ん張っている鳥居がある。

説明の碑には「この鳥居は一九二四年、山王神社の二の鳥居として建てられたが、一九四五年八月九日、原子爆弾のさく裂により一方の柱をもぎ取られてしまった。ここは爆心地から南へ約八百メートルの距離にあり、強烈な輻射熱線によって鳥居の上部が黒く焼かれ、爆風で一方の柱と上部の石材が破壊された。

一個の原子爆弾によって、当地区もことごとく灰じんと帰したが、この鳥居は強烈な爆風に耐え、あの日の惨禍を物語るかのように、いまなお片方の柱で立ち続けている。その後安全性を考慮して市は柱の基礎部分や接合部分の補強工事を行った」

とある。

山王神社と二本の大楠

一本足鳥居の近くにある。樹齢五、六百年。原爆で枝を失い、樹高は十メートル内外であるが、東西四十メートル、南北二十五メートルの大樹冠を形成している。被爆二年後奇跡的に新芽を吹き、今日にいたっている。

「この楠は、一九四五年長崎で原爆をあび、黒く焼け焦げながらも、頑張って生きてきました。でも、疲れはて、立っていられなくなってきました。一生懸命手当てをして元気を取り戻し、みんなに親しまれるようになってほしいと思います。この楠を見守ってください」とあり、募金箱が立ててある。

波止場

きのう桟橋に来て、伊王島温泉ツアーのことや軍艦島クルーズのことを知った。

「やすらぎ伊王島」の日帰り温泉パックが船賃ともで九八〇円、温泉を使わなかった人は一三〇〇円というから、妙なこともあるものだ。軍艦島クルーズは上陸コース四三〇〇円、周遊コース三三〇〇円だ。

軍艦島クルーズ

きょうは軍艦島クルーズ周遊コースにでも、出かけてみようか…。自分の軍艦島クルーズの出発まで、間があるから、埠頭散策でもしよう。桟橋に船が近づいてくる。船体に「すさがぺ」と書いてある。

夢彩都（ゆめさいと?）という港湾ビルのなかには、物産の展示物が置かれている。

対馬満山釣針

「江戸時代の慶応年間初期、対馬藩の防備のため組織された大砲方の職にあった満山俊蔵が、その任のかたわら強さでは他に類のない釣針を作り始めた。その伝統は守り伝えられ、『伸びない、折れない、手作りの釣針』との評価が高く、現在も通の釣り人に愛用され、全国各地から注文が絶えない」という。

五島ばらもん（凧）

「ばらもん」の名称は、五島の方言で、活発なとか元気のいい、とかいう意味の「ばらか」からきているという。揚げると頭部の弦が独特のうなり音をだす。

佐世保独楽

形状の優美さと豊かな色彩が特徴。台湾、インド系統のもので、南方から中国を経て長崎へ渡来したものといわれる。

芯には「けん」と呼ばれる先端を菱形にした鉄心が用いられる。「いきながしょうもんしょうくらべ（息長勝問勝競べ）」というのが地元で伝わる掛け声だとか。

軍艦島模型

模型が展示されていて、軍艦島　世界一、日本一と説明書きがある。続いて、一九六〇年当時の住民の数は五二六七人。坑道の深さは驚異的で、一〇〇〇メートルをこえる。第二坑道でも六〇六メートル、東京スカイツリーほども深い。

テレビの普及率百%、瀝青炭の品質日本一。小中学校6階建ては日本一、人口密度は東京都の約九倍で、いちばん賑わった都市であろう、と。

軍艦島クルーズ　出発！

といっても、下の写真は当人が乗っている船ではない。しかし、こんなふうに自分も出航する。

神の島町の山すそに、神の島教会がみえる。右の島は高鉾島。高鉾島からも遠ざかると、進行左手に、長崎半島からせり出す香焼町の、三菱長崎造船所がみえるはずだ。

伊王島

教会は聖ミカエル天主堂か？（のちにM君からのご指摘によれば「沖ノ島教会」である。「聖ミカエル天主堂」はヤフー地図にある記入。おそらく沖ノ島教会の聖堂を「聖ミカエル天主堂」と呼ぶのであろう）

島は二つの島が橋でつながっており、島の名は、地図によれば同じ島に「沖ノ島」と「伊王島」の両方が記入され、書体は「伊王島」の方がやや大きい。聖堂付近の町名は伊王島町である。M君によれば「沖ノ島」と呼ぶべきという。港は「伊王島クルーズ」と盛んに呼んでおり、観光上、「伊王島」になってゆくのではないだろうか。

上の島　島の左に上の島教会、手前は高鉾島

伊王島

上の島教会

高島

これはまだ端島（軍艦島）ではない。軍艦島はこれよりはるかに小さい。高島を横目に通り過ぎこれからすりぬけようとする右手の中ノ島の左に、小さく見えてくるのが、目指す軍艦島。

軍艦島

元は自然の岩礁で、一八九三年以前はおよそ2ヘクタール、現在の三分の一にすぎなかった。黒いダイヤ―良質石炭―採掘のために6回にわたる埋め立てが行なわれ、一九三一年、6・3ヘクタールの人工島が完成した。当初の約三倍である。

坑道は波浪の弱い東側、写真で低くなっている範囲で掘られている。船は北側から西へ回り込むようにゆっくり進めてくれる。

左の写真で、手前の高層建築（写真右上）が端島小中学校。6階建てから、のちに増築され7階建てになっている。学校の右に建つのは鉱員アパート。

波の高い西側には、おもに居住棟が計画されている。この日も、よせる波が白く砕けていた。

軍艦島はかつて「黒いダイヤ」とよばれた石炭によって、国家のエネルギー源供給基地として明治、大正、昭和と三つの時代を謳歌した。しかしその座を石油に奪われ、一九七四年四月、無人島になった。

南から東へまわる。軍艦島クルーズの上陸コースの船が停泊している。

浦上天主堂と如己堂を訪ねる

松山町電停から斜(はす)に登ったところに、浦上天主堂はある。堂々と立派であった旧聖堂は原爆で倒壊し、いまの浦上天主堂はその後建て直されたものである。浦上天主堂から下りてくると、サントス通りに如己堂が見つかる。「己の如く人を愛す」から名づけられた「如己堂」。それはたったの2畳しかない家だ。

『いとし子よ』に、「わが子よ、人はともすればわが欲に心を奪われ、このもっとも大きな掟を忘れがちなものである。それゆえ私は、この私らの住む家に如己堂と名をつけた」とある。またこうある、「如己堂の二畳ひと間は、父と子と三人の呼吸音の交響楽だ。そなたたち二人の幼い寝息は健康な安らかさだが、私の吸う息は、犬のあえぎにも似て、荒々しく迫っている」

長崎市永井隆記念館

長崎市永井隆記念館がそのすぐ脇につくられている。中に入ると、静かな曲が流してある。受付の人から紙切れをもらった。楽譜に歌詞をつけた「長崎の鐘」だ。

長崎医科大学医療隊隊長であった永井博士は、被爆して危篤な病状でありながら必死に救護に当った。
こよなく晴れた　青空を
悲しと思うせつなさよ
うねりの波の　人の世に
はかなく生きる　野の花よ
…メロディをご存じの方もあろう。
歌詞の2番は
召されて妻は　天国へ
別れてひとり　旅立ちぬ
かたみに残る　ロザリオの
鎖に白き　わが涙…
永井博士は、優先した数日間の救護活動ののち、人であると思われる黒い塊のなかに、妻がつねに身につけていた十字架の鎖をみつけた。「ロザリオ」とはそのことであったかと、うかつにも自分は、初めて歌「長崎の鐘」の意味を知った。
紙切れの行末に、みなさま、ご一緒に歌いましょうとある。展示物をただ観るだけでもあぶないのに、一緒に歌えるわけがない。
自分は音痴で鳴らしたものだが、心には極めて正確な音程をもっている。しかるに、今が涙をこらえている限界だ。
「長崎の鐘」の作詞は　サトウ・ハチロー。
作曲は　古関裕而だ。
ほど近くに平和祈念公園があって、平和祈念像がある。

平和祈念公園

長崎ではこの平和祈念像の前の広場で、例年平和式典がおこなわれる。広島から三日後の被爆だった。

親和銀行

公園から市電が走る大道りに出て、長崎駅へ向かって通り過ぎると、五島町あたりに親和銀行がある。建築を目指した若者には、市電に乗るたびにそれが窓から見え、いつもなぜか気になるものだった。

本社は佐世保市にある。

長崎埠頭

浦上天主堂から如己堂へと、きょうも足を棒にしながら、なお埠頭に出てみる。夕刻の長崎港は、なにしろ美しい。

暮れ泥（なず）む景色のなかに、三角に尖って見える屋根はカトリック大浦教会のそれと、K君との撮影散歩でのちにわかる。つまり、この上あたりに、大浦天主堂やグラバー邸があるはずだ。

埠頭の方はと見まわしてみると、「2すさがぺ」とか、「すーあぐっぴ」とか、「2号とんがれえ」とかいうのが桟橋につながれてみえる。

いや「エレガント1号」であったか！

ショッピングビルに「you me saito」とあるのがみえる。

菓子名だか、電車内広告でよく見かけた「長崎しよこらあと」とはなに?なんのあとだって? チョコレートにアートをかけたものかな?

さて、前に見た「夢彩都」といい、「2号とんがれえ」といい、みやげ物の「しよこらあと」といい、中央のマネか影響か、独創性の苦悩か、このごろ長崎では田舎っぽい知性が気になる。

あるいはなんと読むのか「夢彩都」など、東京あたりから席巻してくるデザイン事務所やコピイストたちによる陵辱、さもなくば文明のさきがけ長崎をコケにされているか？ そのどちらかで、なかじゃろか。

you me saito　なんてハイカラぶってみてもよかばってん、youを「ゆ」と読ませたら、meは「み」にしかならんことぐらい、わからんばたい。そもそも「夢彩都（むさいみやこ？）」とはなんだ？ ビル名なのか、商店名なのか、それとも映画かなんかの題名か。

このごろ長崎は、知性が未開でいけない。長崎出身の自分としては、ついつい愚痴が出てしまう。

洋ふう船名なら、カタカナで、左から右へ「ビッグアース」という具合に書けばどげんね？

諫早の眼鏡橋

この眼鏡橋は昭和三十二（一九五七）年の諫早水害まで、本明川に架けられていた。一八三九年（天保十年）八月十二日完成したもので、橋の長さ四九・二五ｍ、幅五・五ｍ。

諫早水害のとき、この橋に引っかかった流木などのため、せき止められた水が溢れ、多数の人命が損なわれた。そのため、世論では撤去すべしというのが大勢だった。しかしこのとき、世界的にも高度であった築造技術――それは技術のみならず日本的感性を湛えたものである――といわれる文化を消失してよいものか、と当時の野村市長が熱く働きかけ、その功績によって昭和三十三年十一月二十九日、石橋としては第一号の重要文化財に指定された。再度の災害を避けるため、諫早公園に移設されることになる。

これは諫早公園に移設された眼鏡橋である。

佐世保

長崎観光の合間に佐世保へ足を延ばしてみることにする

親和銀行本店

設計　白井晟一
一九六七年第1回増改築
一九七〇年第2回増改築
ここには音もなく湧き出している噴水があるなど、静謐な空間が設けられている。入ってみて初めて分かる白井晟一先生の空間が。

親和銀行本店

弓張岳展望台

佐世保市街から弓張岳展望台を目指してみる。坂を登るにつれ、市街地が現れてくる。

展望台へつくと、シェル構造のキャノピー（天蓋）がある。2ピン（2箇所の支持）で支え、振れ止めに角錐の支柱が立てられ固定されている。つまり、3点固定のキャノピーである。

港湾の黒い島の手前に付くように見える建物群は、国際貿易埠頭。その手前で陸から小さく突き出ているのが海上自衛隊。

入り隅から小さく張り出しているのは、鯨瀬埠頭。やや目立つ2つの白い建物があって、左隅から伸び、そこから細長い船つき桟橋が数本伸びているのが、米軍佐世保基地。写真で左から伸びている埠頭は米軍佐世保基地ということになる。

画面半分から右にある手前の広い埠頭は、佐世保重工業SSKの工場群である。

長崎空港

そうめんで作った帆船が飾ってある。うしろに竜馬が見えかくれ。これも、ＮＨＫ大河ドラマ「坂本竜馬伝」に絡んでいる。長崎じゅう竜馬、竜馬、竜馬、もうたくさん！　さようなら…

出雲と瀬戸内

羽田から米子空港

足立美術館をターゲットとする瀬戸内訪問。羽田から一時間ちょっと、空路米子空港へ飛ぶ。

左は米子空港

足立美術館へは列車で安来駅にきたらバスがあるとの情報によるつもりでいたが、ここから足立美術館へのバスが出る。

足立美術館

館周囲の園庭の美しさは息をのむほどのものだった。

ウィキペディアによると、地元出身の実業家・足立全康（あだちぜんこう、一八九九年～一九九〇年）が一九七〇年（昭和四五年）、七一歳のときに創設したもので、日本有数と言われる横山大観の作品は総数一二〇点にのぼり、足立コレクションの柱となっている。

また、大観のほかにも、竹内栖鳳、橋本関雪、川合玉堂、上村松園ら近代日本画壇の巨匠たちの作品のほか、北大路魯山人の書や陶芸、林義雄、鈴木寿雄らの童画、平櫛田中の木彫なども所蔵している。

足立全康は裸一貫から事業を起こし、一代で大コレクションをつくりあげたが、その作品収集にかける情熱は並外れたもので、数々の逸話が残されている。

足立美術館のもう一つの特色は、その広大な日本庭園にあり、その設計は中根金作であるが、苔庭では小島佐一も参画している、とある。庭園は「枯山水庭」

「白砂青松庭」「苔庭」「池庭」など、面積は5万坪に及ぶ。全康自らが、全国から庭石や松の木などを捜してきたという。

（ウィキペディア）

この美しい園庭は何年間も静かに変わらずあったように見える。この永遠に存在するかに見える庭を維持するために、毎日葉が刈られている。観客はそのことを少しも知らず、嘆息のみを漏らしているが、それは私も同じだ。庭師のみならず、この美術館を運営・管理している影の人たちがいる。目立たぬ努力の基に、慎ましい日本の美が生まれ維持されている、そう感じ入った次第だ。

足立 全康

足立全康は。一八九九年（明治三二年）島根県

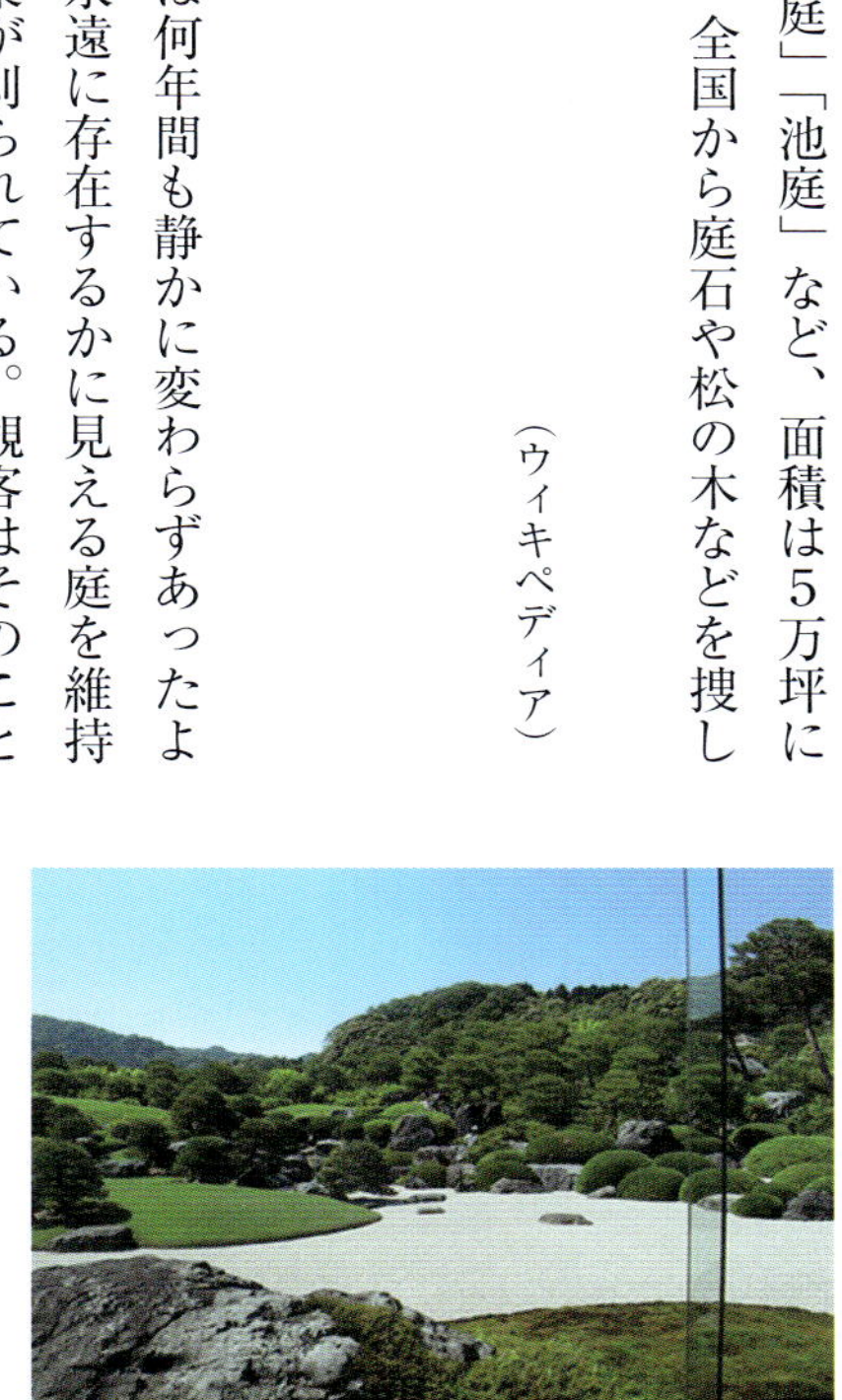

左に白く一部が見える建物は横山大観特別展示館。
1階は喫茶室、2階が展示室になっている。
向こう正面は「清風」という煎茶室。砂に浮く石は佐治石で、鳥取県産出の名石、とある

能義郡飯梨村字古川（現・安来市古川町）に誕生した。実家は農業を営む。尋常小学校卒業後、家業を手伝う傍ら、村の商売の手伝いをし、次第に商売に深い関心を寄せてゆく。十四歳の頃、炭を大八車で運搬する傍らそれを売ることで、初めて商売を手がけることになる。その後はさらに商売を手がけてゆき、類い希な商才を発揮してゆくことになる。

（ウィキペディア）

展示物の撮影はご遠慮した。

シャトルバスで足立美術館をあとにして安来駅に向かう。

ほとんど目につかないが、⇧植木職が手入れをしている

安来駅広場には安来節の、どじょうの石像が何体も立っている。幅60センチほどで高さが人の目の高さほどの、厚みのある石版と思われる。

そこに掘られたレリーフ像は、一見どうみてもオバQにしかみえないが、どじょうだ。その下に句らしき、「出雲名物荷物にならぬ　聞いてお帰れ安来節」とか「汽車の窓から杜日ケ丘は一目千本花ざかり」とか刻んである。石の台に立体像が置かれているのもあり、その、かろうじて1本残った前歯をみせて笑ってるウンべえの笊にすくわれているどじょうは、さらに団子かなんかを食っている。

出雲大社

安来駅から松江駅へ、そして出雲駅へ向かう。

大鳥居をくぐったすぐあたりの参道わきに、奇跡の一本松が植えてあり、薄衣がかけてある。平成二十三年の東日本震災による大津波にただ1本耐え残った陸前高田市の「奇跡の一本松」は半年後に枯れた。地元の守る会会員が落ちた枝をクロマツ苗木に接ぎ木し育

てた1本が2世松。根元に炭を埋め、菌根菌と松を共生させ回復させている。前庭に大国主命の像があり、礼を言う因幡の白兎と思しきうさぎが見上げている。

樹間の見え隠れに大波と、波に乗る金の玉の像があって、その玉に祈りをささげているらしいのは命だろうか？　その近くに大松がある。

現在の本殿は一七四四（延享元）年に建て替えが行われた社殿で、国宝に指定されている。

1667年造替の際の本殿は、徳川幕府からの莫大な援助によって七年かけて建て替えられた。仏教色を取り払い、簡素で壮大な「神の宮」が完成。本殿は高さ約24メートルで、現在とほぼ同じ姿。

古代出雲歴史博物館

小泉八雲の『知られぬ日本の面影』の展示あり、松江駅へ戻り特急バスで広島へ。

広島

広島

二〇一六年初夏、広島駅前から路面電車にのり、原爆ドームの近くで下車する。歩いてドームの方へいくと「世界遺産原爆ドーム」とある。裏側へまわってみる。

反対側は元安川。きれいな街だ。路面にチリ一つない。手前に、ごみリヤカーがいる。被爆した多くの人が喉の渇きのために水を求め、この川におりて絶えた。三方に渡る相生橋がかかっている。

街がきれいなわけだ。来週には米オバマ大統領が来る。清掃する人がごみ袋をぶらさげて向こうからくるのが見える。我々はあの橋を渡る。

オバマ大統領が現職の米大統領として初めて広島の祭典で花環をささげた。国民は大統領を歓迎し、敵国としての憎悪の声や恨みの声はほとんど聞こえてこなかった。

あの橋を右へ渡ると平和公園がある。

両手の手のひらの間から平和の灯が灯る。その先に慰霊のためのモニュメントがある。

その向こうの横へ長いのが原爆資料館だ。ピロティと呼ばれる列柱の上にある。展示物の一つに、「一九三九年、ドイツでの原爆開発する科学者の意見から、アメリカは一九四二年『マンハッタン計画』として計画に着手。

日本の戦況が圧倒的不利な中、原爆投下により早期終結すればソ連勢力も抑えられ、金のかかる原爆開発を国内向けに正当化できると考えた。

一九四五年七月アメリカはニューメキシコ州の砂漠で原爆実験に成功。八月六日、広島に初めての原爆を投下。投下後は損害効果をみるために空爆が禁止された」とある。

芝の広場は資料館の窓からみえる慰霊モニュメント広場。オバマ大統領がこの広場で花環をささげた。その向こうに原爆ドームが微かにみえる。

資料館を出て川の対岸を見る。その船着き場から宮島へ向かう船が出ている。

広島から宮島へ行くには鉄道で宮島口駅まで来てフェリーに乗って宮島へ渡るのが普通だ。我々はこの船で宮島まで行ってみることにする。約45分。交通費は3・4倍の二千円ほどだ。

宮島

戻りの船とすれ違ったりしているうちに海へ出た。広島のカキやのりの養殖イカダが浮かべてある海岸に沿って、ずっと市街地が繋がっている。宮島に着くと、ここにも学生アルバイトと思われる人力車が居る。

社殿は別名「**厳島神社**」と呼ばれている。厳は斎く（いつく）すなわち心身のけがれを除き、身を清めて神に仕える意だという。平安時代末期に平清盛が厚く庇護した。建築は国宝に指定されており、親しまれている宮島は江戸時代以降の呼び名である。

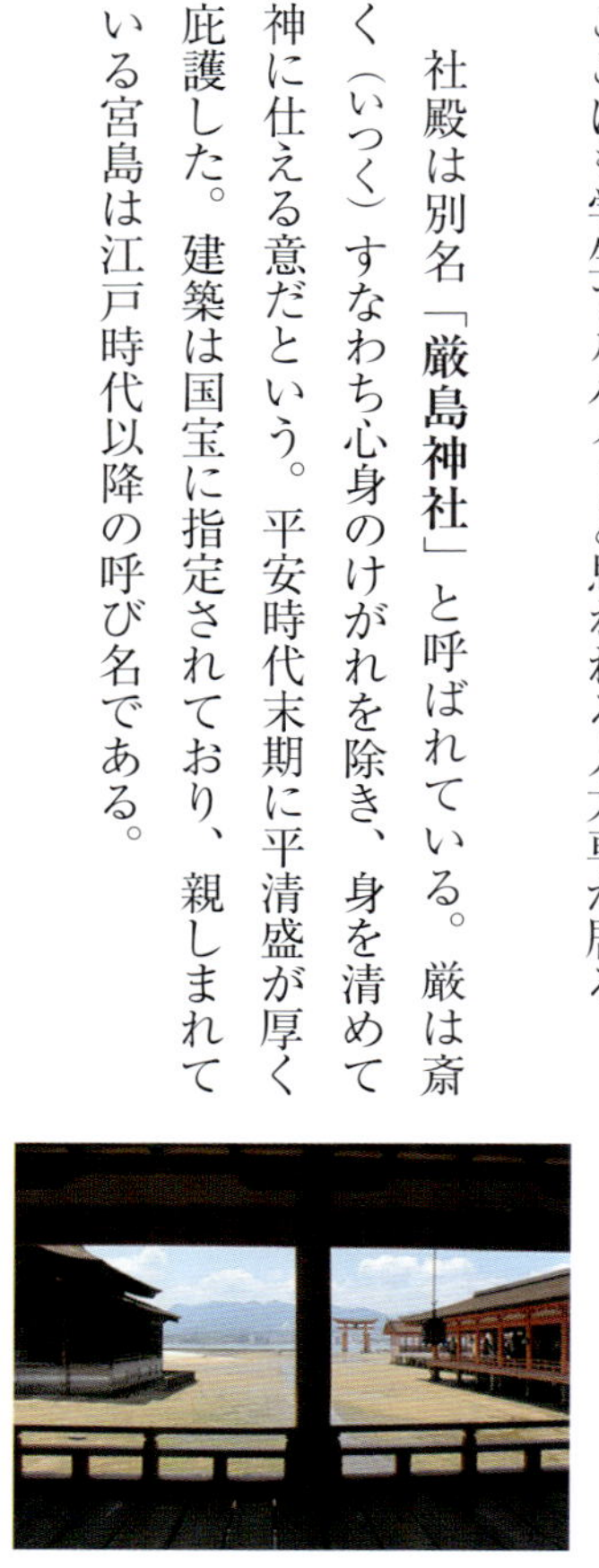

倉敷

大原美術館

倉敷の美観地区へ来ると大原美術館がある。入口の前でロダン作の彫像が客をお迎えしている。

右下はロダン作『カレーの市民』

真ん中はロダン作『洗礼者ヨハネ』

左は別館とムーア作『横たわる母と子』

姫路城

相生駅を下車して、バスで姫路城へ向かう。
ここにも人力車夫が…
どうやら、おりしも「お城まつり」の真っ最中らしい。

国宝　姫路城

五月の空の下に特別史跡　姫路城跡がある。桜門橋を渡って大手門（桐二の門）を入って菱の門をくぐると、左下の曲輪（くるわ）にくる。

姫路城主本田忠政が大坂夏の陣のあと、将軍徳川秀忠の長女千姫（せんひめ）をめとった息子忠刻（ただとき）のために、元和4年にその御殿として建てたと立て札にある。

忠政によって整備された西の丸には外周に沿って渡櫓、隅櫓、土塀が配される。白漆喰の外壁で防火の配慮がなされている。

所どころ石落としや狭間が設けられ防御が固められている。

曲輪を出て天守へ向かってみる。

武具を収納しておく部屋がある。弓や槍、鉄砲など壁にかけたとみえ、回廊にも同様なフックがある。

窓から曲輪や集落がみおろせる。当時の武士たちにとってこれは壮大な高さとして感じたに違いない。

外に出てあらためて天守を仰ぎ見る。広場にお菊井戸がある。

永正年間、姫路城の執権（しっけん）、青山鉄山は町坪（ちょうのつぼ）弾四郎と謀って城を奪おうとしていた。忠臣 衣笠元信はお菊を青山家に女中として住み込ませ、企てを探らせた。城主暗殺を探知したお菊が元信に知らせたため城主は姫路の家島に逃れたが、城は鉄山に乗っ取られ、お菊の動きを知った弾四郎はお菊を助ける代わりに結婚を迫った。元信を慕うお菊を弾四郎は憎み、青山家家宝の十枚揃いの皿の一枚を隠し、その罪をお菊に被せ責めたが、それでも拒むお菊はついに切り殺されて井戸に投げ込まれた。

その後、毎夜この井戸から皿を数え直すお菊の声が聞こえたという。やがて元信らは鉄山一味を滅ぼし、お菊を十二所神社内に祀らせた。

裏磐梯

一人の卓越した写真家のもとにプロアマごっちゃの同好の士たちが集い、それぞれ好きにシャッターを切る。素晴らしい対象にであうことが写真の出来を決めるものだと知った。

ある撮影スポット

裏磐梯……林道

裏磐梯……紅葉の木へ

裏磐梯……桧原湖

裏磐梯……桧原湖

裏磐梯

裏磐梯

裏磐梯

裏磐梯……山林

裏磐梯……中津川渓谷

富岡製糸場・前橋・東京

旧ドキュメント――マイドキュメント――

富岡製糸場

東北線高崎駅。ここで一泊して昼食後、上信電鉄に乗車。この列車もまた、信号故障とかで、倍の時間がかかった。上州富岡駅を降りて六五〇メートルくらい歩いた。

東置繭所（ひがしおきまゆじょ）

建築は木骨煉瓦造（もっこつれんがぞう）といい木造の架構にレンガ積みで充填している。壁式構造の水平耐力をもっている。

柱を挟んだ〝挟み梁〟の端部が壁から突き出ている。雨水を吸い込みやすいが、柱梁の仕口がしっかりする。

アーチの重力を３つ割の添柱でうけ、アーチの押しひろげを、左からの梁で押さえている。

繰糸所(くりいとじょ)

こちらが製糸工場の建屋だ。非常に長い。その内部へ入ってみる。小屋組みを形成する簡易トラス構造をしている。これで十分であり、このほうが美しい。糸撚り機がびっしりと並んでいる。工場から外へ出てみる。

寄宿舎がある。写真には見えないが、吐烟筒(とえんとう)が立っているのが見える。いわゆる煙突である。

裏手は川に面しており、**鏑川**(かぶらがわ)という。製糸に必要な水はこの川から得られる。ほぼ東西方向に流れ、いずれ利根川に合流する。

製糸場の配置模型が置かれている。模型の左は事務所、右奥の白い屋根は「第1号風穴」、中間黄色い屋根は「第2号風穴」、手前の変形なのは「第3号風穴」と名がふってある。

前橋へ

さちの池

前橋の臨江閣を目指すが、静かな公園があって、鶴の塑像がカメラを呼んだ。

臨江閣（りんこうかく）

鶴のいる公園とは道を挟んで反対側にある。近代和風の木造建築。本館・別館・茶室から成り、本館と茶室は県指定、別館は市指定の重要文化財となっている。本館は明治十七年、楫取素彦（かとりもとひこ）らによって迎賓館として建てられたもの。

楫取素彦は吉田松陰の妹の夫となり、〝松下村塾〟を託され、のちに群馬県令となる。

臨江閣茶室

明治十七年、市民の惜しみない寄付に感激した県令楫取が、当時の県庁職員とお金を出し合って建設した。

茶室の華頭窓（かとうまど）

多くの場合〝火灯窓〟と書かれる。この茶室の窓は炎ではなく花の形状を表わしているから〝華頭窓〟と書くべきだろう。

写真左上は本館一階の えん側。竣工当初はガラス戸ではなく、雨戸だけだったという。

左下は二階の大広間。

この臨江閣からほど近いところに県庁舎はある。

群馬県県庁

明治四年、廃藩置県で第一次群馬県として高崎城に置かれたが、2ヵ月後に高崎城は兵部省に接収され、県の執務は前橋で行われるようになった。

明治九年、第二次仮県庁として前橋に置かれる。

有力市民による多額の寄付や楫取県令らの働きかけで、十四年太政官布告が出され前橋が正式に群馬県庁所在地に定められた。

NHK大河ドラマ『花燃ゆ』は長州側の視点に立つ。群馬県民がこれに激怒する理由は楫取が県庁を高崎市から前橋市へ移したためだった。上州、群馬県は明治四年の廃藩置県でも、前橋県や高崎県など9県に分かれていて、明治九年にやっと群馬県に統一される。当時、生糸生産で豊かになっていた前橋市民が寄付を募り、県庁誘致運動を起こした。当時の金額で二万六千円、現在の三十億円に相当する。それに楫取県令が応じ、明治九年に仮庁舎を前橋に置いた。これが高崎市民による猛反発の原因だった。

群馬県庁舎

群馬会館

展望フロアから

今の県庁舎は高層ビルとなった近代建築である。その県庁舎の展望階へ昇り、お腹を満たすことに。

展望は右回りに廻って観ることにする

北方をみる（写真右）

連山中央に武尊（ほたか）山系、右に赤城山系、とあり、武尊山系は遠景の3つの山で、左から剣ヶ峰・武尊山・前武尊とあり、赤城山系は左から鈴が岳・鍋割山・荒山・長七郎山と4つある。左辺の川は利根川。青色の丸いのは「グリーンドーム」と呼ばれる多目的アリーナ。

その右、グリーンを挟んでこんもりした緑地に隠されるように臨江閣がある。

東方をみる（写真左上）

足下にみえる煉瓦色は「群馬会館」

南方をみる（写真左下）

右を流れるのは利根川で、南へ流れている。

群馬県立　近代美術館

県立近代美術館を訪ねようと思う。それは高崎駅から直線距離6・3㎞、群馬の森公園の中にある。駅から市内循環バスに乗ったら、「群馬の森」という停留所で下りるとよい

　そこから公園の道を少し歩くと、緑地が広がる。幼稚園だかの、園児たちの隊列があった。隊列の手前にその近代美術館はあって、その前でブールデルによる大きな馬が番をしている。

　美術館は磯崎新の設計により一九七四年に竣工した。当初は群馬音楽センターの設計者アントニン・レーモンドを推していたが、斉藤義重の紹介で磯崎新を推薦することになった。美術館の建つ群馬の森の計画には磯崎新、大高正人、槇文彦といった当時新進の建築家たちが当たった

上はインターネットから取得

巨(おお)きな馬

高さ4・5メートル頭から尾まで4メートルある。

ブールデル（エミール＝アントワーヌ・ブールデル1861～1929）作

ブールデルは一九一三年アルゼンチン政府から英雄アルヴェアール将軍の碑の制作を依頼され、約10年の間に寓意像や馬など57点もの習作を制作した。故郷モントーバンでは騎兵隊の兵舎に通って馬を観察し、イタリアでは初期ルネサンスの騎馬像に学んだ。

この馬はその最終段階で制作された1点で、完成に近い独立した馬像となっている、と説明されている。

写真左は**休憩のひと時**をカフェにて。

インテリアの灯りを外景に映しこむ。写テク・スタディ。

高崎駅に戻って新幹線に乗る

東京駅

東京いまだ槌音やまず

丸の内へ出てみると、あちこちにクレーンがみえる。

「ああ、まだだ…」と、吐くように写真家は云った。


「キッテビル」のルーフテラスより観る。

「キッテビル」とはここにあった中央郵便局に増築された高層ビルだ。いかにも直截な呼び名だな。

かつては皇居に配慮して8階までの低いスカイラインに抑えられていた。今はビルが広場の側へせり出してきて、ビル群の底で広場が狭くなってみえる。おそろしい都市膨張だ。ここで働く人たちはエリートたちにちがいない

輪島・小淵沢・小諸

輪島

輪島空港から観光バス能登恋路号で輪島へ。所々で休憩がてら、塩田村に寄ってみる。体験学習の看板があり、中では塩の結晶が展示してある。

写真左は兼六園で、写真左下の茶室などあり、苔むした庭園を味わいながら散策するのは快い。日本三名園の一つに数えられ、水戸偕楽園（かいらくえん）、岡山後楽園（こうらくえん）とならぶ。廻遊式の庭園で国の特別名勝に指定されている。

伝統工芸の和倉を訪ねる。駅舎は和倉温泉駅。

金沢

金箔の99パーセントは金沢で製造されている。写真は和倉温泉駅に近い金銀箔工芸さくだの陳列品。

左下は**金沢駅**。

小淵沢

日の出観光旅館

部屋の設備…こたつ、灯油ストーブ、有料テレビ
内装…繊維壁（廉価な住宅によく使われる）
共同の設備…トイレ、洗面所（ともに湯なし）浴室
（翌朝、湯は出ず）

お婆さんが九〇歳のお爺さんと営業している。いいお婆さんではある。翌朝、洗面所へ行ってみると湯はなく、身の切れるような冷たい水。風呂場の残り湯で洗顔を果たす。

な、さくら、ホテルなんて英語にいちいち驚いてちゃいけねぇよ。当節はちょいとした連れ込み旅館だってみんな生意気にホテルだ
ホテルなんかにおどかされてたまるもんか！――寅さん語録

駅に隣接してみやげ物の店舗がある。ここで朝食を兼ねてお茶を飲み、その隣のレンタカーで車を借りる。五能線で撮り鉄。

甲斐小泉駅（かいこいずみえき）は、山梨県北杜市長坂町にあり、この駅近くに平山郁夫シルクロード美術館がある。

平山郁夫シルクロード美術館

三分一湧水

ここからほど近くには三分一湧水がある。

八ヶ岳の峰に積もった雪は伏流水となり、ふもとに清らかな泉となって湧き出す。

これらは昭和六〇年環境庁により指定され「日本名水百選」に数えられている。この湧き水は三方の村々に平等に分配できるよう工夫され、三分一湧水と呼ばれている。

平山郁夫シルクロード美術館

野辺山高原

日本鉄道最高地点を示している。

標高一三七五メートルとある。

小諸

野辺山駅

懐古園

ここに小諸城址、懐古園、渥美清こもろ寅さん会館があり、小諸城址には藤村記念館、徴古館、小山敬三美術館などがある。

野辺山駅

懐古園入り口

小諸城址の城壁つまり、石垣が遺されている。

藤村記念館の前に生える大木は欅（けやき）と掲示されており、樹齢推定五百年、幹回り6・5メートルとある。懐古園の料金所は「**懐古園入り口**」であるこの門の手前にある。

ここを見学するために車を置いたところから立派なホテルが見えていた。あれはどうだいと冗談言って、小諸駅前の観光案内に宿泊の世話を頼んでみると、「ここではいかが」と紹介されたのがそのホテル。

小諸グランドキャッスルホテル

……二泊目のホテルはここに落ち着く

窓下に小海線の線路が見える。４階に温泉水の大浴場があり、風呂を浴びるとからだがほかほかする。弥次さんは夕食に、一八〇〇円のバイキングを食する、というから、喜多さん（筆者）は駅前あたりに飯屋をさがしに出る。日暮れに近く、食事にありつけそうなところはさっぱりない。空気は冷たいが、湯のほかほかのおかげでひどく寒くはない。

暗くなってホテルのレストランに戻ってみると、赤くなってまだ弥次さんはいた。喜多さんは珈琲１杯を今晩の粗食とした。

朝、朝食のため駅前へ出る。こもろ寅さん会館には早過ぎるのでホテルにもどる。安心しな、他の人になくてね、おじさんにあるもの、それは暇だよ。——寅さん語録

小諸グランドキャッスルホテルをあとにする。

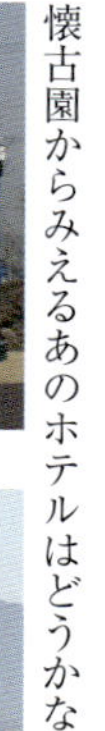
懐古園からみえるあのホテルはどうかな

野辺山駅で

「お客さんがむかっています。乗ったら発車してくださ～い」

都会じゃバスだってこうは優しくしてくれない。のどかだなあ。いいなあ山里は。

今日は快晴とはゆかないものの、もやが薄いせいで、遠い山並みがうっすらと望まれる。道路をすこし歩いて登ってみる。

ほら、見な、

あんな雲になりてえのよ。――寅さん語録

たて看板に、ここは標高一三〇〇ｍ　ようこそ野辺山高原へと掲げてある。

３日目の宿は旅籠屋（はたごや）。初日の宿を思えば天国…と、弥次さんは言ったようだ。

あすは電車で東京へ帰る。

五能線　秋田・青森

五能線

やじきた五能線を行く

上野発　寝台特急「あけぼの」のB寝台5号車
25番個室。1階には荷物の多い弥次さんが入る。

26番個室は2階で、通路から階段ですこし登ったところに入口がある。ここに喜多さんが登る。

枕元に文庫本とか眼鏡などのせられる小さな棚がついて、その近くに非常の際の「ＳＯＳ」の押しボタンがある。畳んでおいてある敷布は自分で延べる。もう、けっこう遅い時間で、あまりおしゃべりする間もなく、ゆかたに着替えたら寝そべって、おとなしくする。

東能代駅に着く。ホームに五能線の起点と表示がある。ここでレンタカーを調達

写真左は**八峰町の海岸**。高架を走る。

白神山地の十二湖へ向かってみる。

白神山地世界遺産登録

白神山地は、ここからはずっと奥になる。ここは日本海の海岸に近く、世界遺産の白神山地は青森県と秋田県境にまたがる一万六九七一ヘクタールの区域が平成五年十二月、登録された。白神山地核心部のブナ林は、純度の高さやすぐれた原生状態の保存、動植物相の多様性で世界的に特異な森であり、氷河期以降の新しいブナ林の東アジアにおける代表的なものであるとされる。

写真右は、十二湖の一。右下は**青池**。

屋根付き二本足立て札の案内板によると、十二湖は三〇〇年ほど前、地震による山崩れでできたと説明されている。

深浦漁港

ここは美しい漁港だ。

艫作(へなし)の海

艫作は日本海に面する。すると、この海が日本海だ。

ホテルサンルートパティオ五所川原の朝、ホテルの窓からの風景には、でんと座った山があった。あれは岩木山(一六二五メートル)であろう。すると切妻の大きな屋根は、きっと五所川原市民体育館だ。

わが隊長、弥次さんは「8時出発!」と号す。まず目指すは、「太宰治記念館」

斜陽館(しゃようかん)(太宰治記念館)

ここは金木駅に近い。開館は九時からで、それまでは外回りに撮影モチーフをさがす。高いレンガ塀に蔦が這っていた。耐震補強の平鋼が数列、ボルトで縫ってある。「斜陽館前バス停」がある。

「中里・五所川原」行きのバスが出るところ。ここから左へ歩くと、妙乗寺という寺がある。

斜陽館の向かいに観光物産館「マディニー」という

のがあり、店があく早々、ここに入る。

大きな置き看板に「太宰治御膳」一八九〇円、太宰らうめんと郷土料理「はな」とある。

斜陽館 内部

朝食をとっている間に開館した斜陽館に入館する。

さっきのレンガ塀の裏を窓越しに撮っていると、モニターに、旨い具合に太宰の顔が映った。

この顔が嫌だ、と始まるのが『人間失格』だ。

その右側のガラス窓から、庭が透いてみえる。白いすりガラスがきれいで、オランダの画家ピエト・モンドリアンがこれを見たら、おどろくだろう。

囲炉裏を囲むように、人が自然に集まってきたものと思われる。ちょうど、西洋で言えばサロンのようなものだ。

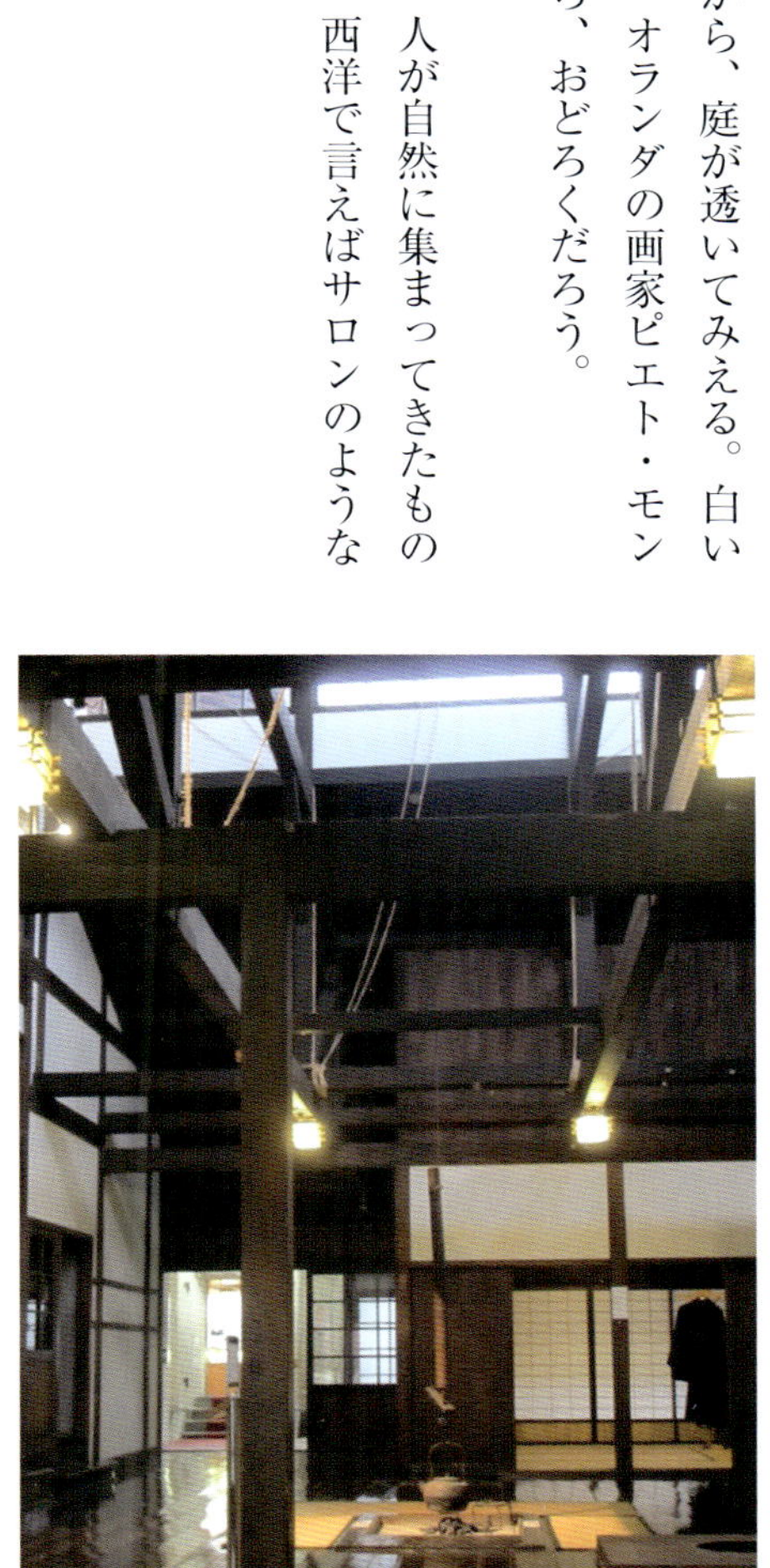

入口から畳の間がずっと続いていて、その奥に板の間がある。板の間の先に蔵がある。

左は、畳の間からガラス越しに庭を見たもの。透明でも、細かい歪みの残った、当時のガラスが嵌まっていて、ちょっとレトロな風趣がある。

鶴の舞橋

晴れていたら美しいであろう遠景の山並みは、雨天に霞む。

その代わり、濡れて射す薄日に洗われるような空気が撮れたと思う。

写真左下は、つがる富士見荘のレストランから、窓越しにとらえた鶴の舞橋

木造駅

来たとたんに、雷鳴をつれた驟雨が襲った。古墳の埴輪が駅建物にめり込んでいる。縄文の亀ヶ岡遺跡から出たという土偶は、「しゃこちゃん」と愛称され、今や観光キャラクターになっている。

深浦観光ホテル

ひとり1泊二食付き一万六五〇〇円。畳の間に豪華な和食が運ばれてくる。喜多さんにすれば久方ぶりの喜び。弥次さんには足が悪くて和室は気の毒だ。風呂へ続く長い壁面に画墨の額が並んでいる。

「おんべでら?招ぎ猫。右の手っコば上げでる猫っコは銭コば招ぎ、左の手っコば上げでる猫っコはお客様ば招ぐ。白い猫っコは開運招福。黒は魔・厄の除げ。赤は病除げで桃色は恋愛運。黄色は金運。銀色は長寿だど」

と書いてある。

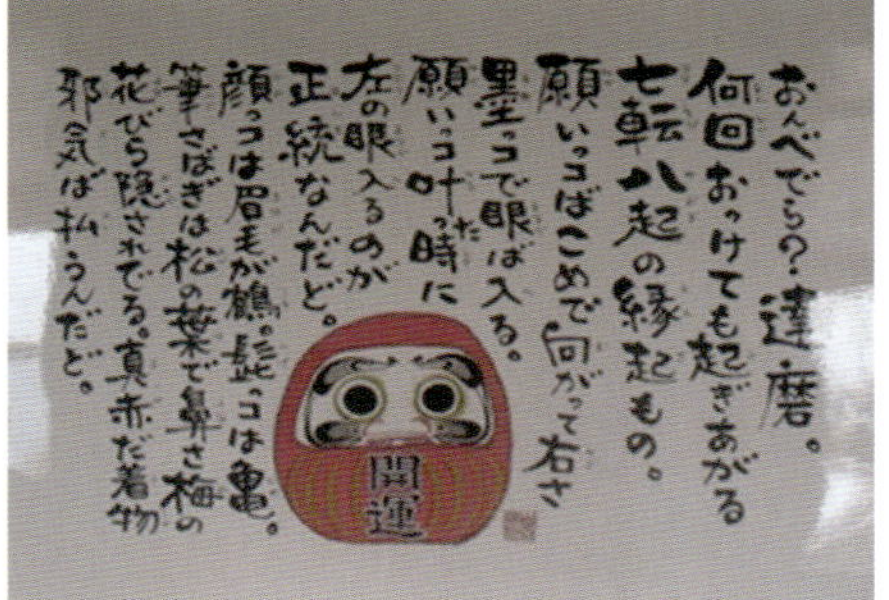

画筆 山内和人の銘あり

もういちどホテルの窓から、明るくなった海の景色を収める。帰る日になって、きょうはいい天気。深浦へ向かう。激しい荒々しい海。その波の誘惑に幾たび駆られそうになったことか。

深浦観光ホテルをあとにして、レンタカーを返すべき東能代へ向かう。

晴天のきょうも、沖の低気圧で生まれた波であろうか、いよいよ高くなって押し寄せる。

おそろしく盛り上がる波面と吹き砕ける波しぶきを撮りたい。

岩館あたりか?

東能代でレンタカーを返し、秋田へ向かう

平野政吉美術館・県立美術館

秋田駅でタクシーをつかまえ、藤田嗣治のコレクションで知られる**平野政吉美術館**へ行ってみる。岡本太郎の写真展が開催されていた。建物の左半分が県立美術館になっている。

それから、佐竹藩の城址である「千秋公園」へ歩いて行く。

千秋公園

いまは二〇一〇年十一月十五日頃の秋だ。

冬の準備、雪吊りが、もうできている。

ここでカメラが電池切れになった。

秋田駅5時9分発新幹線で上野へ向かう。上野には9時3分着の予定である。

上越・佐渡金山

妙高市赤倉温泉

妙高市赤倉温泉にT君の大学の宿泊施設があり、その年、五月八日はそこで厄介になることにした。その窓から撮る。

この温泉地では、沸いて出る温水が流れていて、火や電力で沸かす必要がない。道路の脇を、あたり前みたいに湯が流れていて、雪国の厚い雪も、そこだけはトンネルになっている。

翌朝は雪を頂く妙高の山々を眺めながら、T君が案内するいもり池や野尻湖などを歩く。

いもり池では素晴らしい風景があり、紅葉の季節には、さらに美しい景色になるという。ミズバショウが咲き始めている。

妙高山は二四五四メートル、そこから7kmくらいのところに火打山二四六二メートルがあって双璧をなす。妙高は曇っていて、外輪山が見えていた。

妙高市にはシラカバをはじめカラマツ、ミズナラなどの森が広がっている。市では平成二〇年、森林セラピー基地が認定された。「妙高高原ビジターセンター」を拠点とし、自然を紹介し、長期滞在にも対応できることを目指しているとか。

妙高高原からは「いもり池」や日本滝百選の「苗名滝」や北信の山々の眺望がある。紅葉のシーズンはことのほか美しいようで、再訪してみたい一つだろう。

自分はこれから佐渡へ向かう。T君は直江津港まで、愛車で送ってくれた。船で六時間ほどもかかるような、佐渡ははるか遠い島であると彼は認識していたようで、切符（二等自由席）が二五三〇円で手に入り、二時間半と聞いて、彼は驚いていた。

ここから佐渡の小木港へ連絡している。ターミナルの展望屋上に上ってみると、オートバイのライダーたちが眼下の広場に群がっている。彼らもフェリーで渡ろうとするのだろうか。

直江津港

佐渡汽船内部

フェリー　佐渡汽船

下はこがね丸、小木行き二等船室。この日、この区画には自分のほかただ一人。つまり二人きりで占めている。荷物（黒い四角）をおいて、挨拶だけして、船内探査に出かける。ときどき仮眠にもどる。左はイベントホール。

佐渡

855・1㎢　東京23区の1・5倍、日本一大きな島だ。冬は暖かく、雪はほとんど積もらない。

人口　平成一七年　六万七四〇〇人。

金山

徳川家康が佐渡金山の開発をすすめ、最盛期の一七世紀には世界一の産出量を誇った。江戸期になると衰え、明治に入って衰退した。

平成元年（一九八九）閉山、4百年の歴史を閉じた。

産業では、ナラ原木のシイタケ栽培が盛ん。漁獲量は年約八六〇〇トン、カキの養殖も盛ん。

工芸では竹細工、赤土を使った「無名異焼」が有名という。

小木港に着くと、その真野地区には大膳神社能舞台があり、また鷺流狂言が残っている。佐渡には三十以上の能舞台があり、かつては農家の人が謡曲を口ずさんだほど盛んなところだそうだ。

小木港の観光案内で紹介してもらった、バスでだいぶ走った真野新町の民宿、静海荘というところに宿をとる。朝食つきで五二〇〇円。

翌朝は静海荘の主人が車でバス停「河原田本町」まで送ってくれたので、そこから相川行きバスに乗り、相川で佐渡金山行きに乗りかえる。

佐渡金山

すこし手前に駐車広場があるが、バスはここまで来る。ここは標高一一〇メートル、金坑の深さは六〇〇メートルあるという。古い坑道と、新しい坑道（明治期？）の二ヶ所、入口がある。

人形の一人が回している**水上輪**（すいじょうりん）とは江戸前期の承応二年（一六五三）に佐渡金山にもたらされた坑内排水ポンプだそうだ。

坑道内は軌道が単線で敷設されている箇所が多いことから、鉱石や資材の運搬に使われる蓄電池式機関車の衝突防止のために信号機が設置されていた。この信号機をコントロールするのがこのスイッチで、このスイッチを入れると、通過地点の電球が青に、また奥の電球が赤になるように設定されている。

ここを出てから、また別の坑道から見学に入る。

宗太夫坑は、坑口の高さが約3メートル、幅2メートル、坑道の断面が大きい江戸初期に開坑された大型坑道で、鉱石の運搬と採掘技術が発達した一六九〇年代頃の主力間歩（まぶ）（採掘坑）の一つであった。江戸期の旧坑の諸条件を完備していて、大形の斜坑はゆるやかな傾斜で海面下まで延びている。

平成六年五月二四日、国の史跡に指定された。

このあと**両津港**へ向かう。

さらば佐渡が島…「おけさ丸」で佐渡をあとにする。

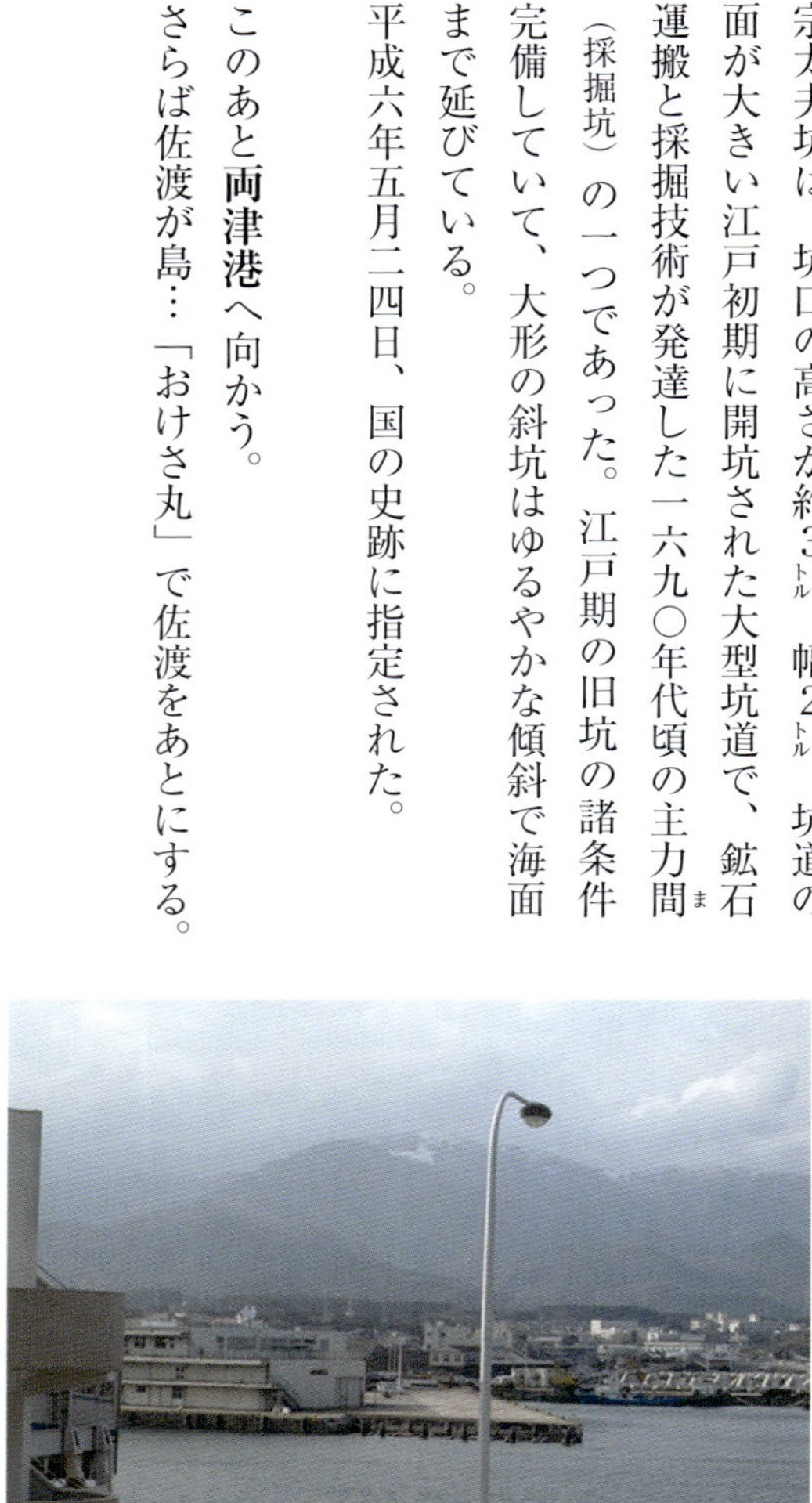

フジ河口湖町・山梨リニアを訪ねる

河口湖・新倉山・癒やしの里を訪ねる

マイカーで走る朝９時半ころには、東京のスカイツリータワーが見えていた。

１４時半ころ河口湖駅まで来た。休憩している喫茶店の窓から駅前広場を撮っている。富士のすそ野が背景になっている。

その広場に富士山麓電気鉄道の当初の車両らしい遺構が広場に展示されている。これから河口湖畔へ出て、対岸の方まで廻ってみよう。

正面の山には、よく見ると山頂へ登るケーブルカーがあるのがわかる。山頂には、かちかち山のオブジェらがあるはずだ。

湖畔にある黒い建物には「自然工房　石ころ館」と看板がある。**おもちゃの博物館**の展示物を見る。

河口湖畔を廻る我々からは今や対岸になって見えるホテル群の、もっと左の視界から外れたホテルに今晩の予約がとってある。

河口湖畔の背景として富士を捉えるには、ホテルからではなく、対岸である今のこのあたりということになる。

富士、河口湖、さくらの3点セットをひとつ

富士はいつまで眺めていても飽きないが、刻々風景は変わってゆく。陽の当たり具合にもよるのか。

ホテル側の岸に戻ってみる
夕日が山を照らしている。このあと夜を迎える。

山岸旅館に宿泊した翌朝、
赤富士は捉えられなかった。

河口湖は富士五湖のひとつ
富士五湖は相模川水系の湖だ。富士箱根伊豆国立公園に指定されている。

左下の写真には上部に**河口湖大橋**の裏面が見えている。
陽はすばしこく昇り自然は生き生きとした色彩を放つようになる。
大橋のふところから富士を望んでみる。朝早くに釣り人の影が。

美術館もある。館名は「河口湖 木の花美術館」となっている。いろいろあるものだ。

山岸旅館に戻ってみた際に、旅館のラウンジを写真に残しておく。

いやしの里というところがある。そこを訪ねてみよう。

小さい集落となっており、ぶらぶら歩いているだけで気が休まる。ぶらりとやってきた客が気軽に話しかけられる住民?がいたりする。

民芸品が飾ってあったりするが、「どうだ」と押し付けられるところもない。

いやしの里から見る富士もいいものだ。ずっと前からこうでございます、と言っているようにもみえる。

浅間寺（せんげんじ）

浅間神社を訪ねよう。

新倉山（にいくらやま）での絶景

ここは有名な撮影ポイントだと聞く。富士と桜と浅間神社五重塔という、春の3点セット。ここへSさんは案内してくださった。なるほど見事な景観である。

音楽の森

というところがある。館名はMusic forestとなっている。ここに入ってみよう。入館料がばかに高い。ところが、出るころになると、決して高くないことが分かる。失礼を詫びた。

ホールがあって、するとまさに目の前にあるこれらのパイプオルガンによる、壮麗な曲が演奏される時があるのだろう。実体験する機会ではなかったが、実際にオーケストラの演奏を聴いたとしたら、どんなに感動することだろうか。

リモネール・オルガン

1840年パリに創業したリモネール・オルガンの初期は、ピンを打ったシリンダータイプで90年代からブック式が採用され、後にペーパーロール式のタイプが作られた。オーケストロと呼ばれるこれらのオルガン。軽快で楽しいパイプの音色は世界中のコレクターに最高のオルガンと言わしめている。本機はカフェやレストランに設置されていたもので、シロフォン、ドラム、シンバルに加え、ヴァイオリン、バスパイプ、トロンボーン、フルートの音のほか、なんと人のコーラスの音をだすパイプが組み込まれているそうだ。

コテージ・オーケストリオン

ウェルテ社は、ドイツの自動音楽器、特にオーケストロホンリプロデューシングピアノの名門である。このオーケストリオンの演奏のメカニズムは、空気圧の変化を利用したものである。その美しい音楽と豪奢な外観は当時の人々のこころを魅了したという。

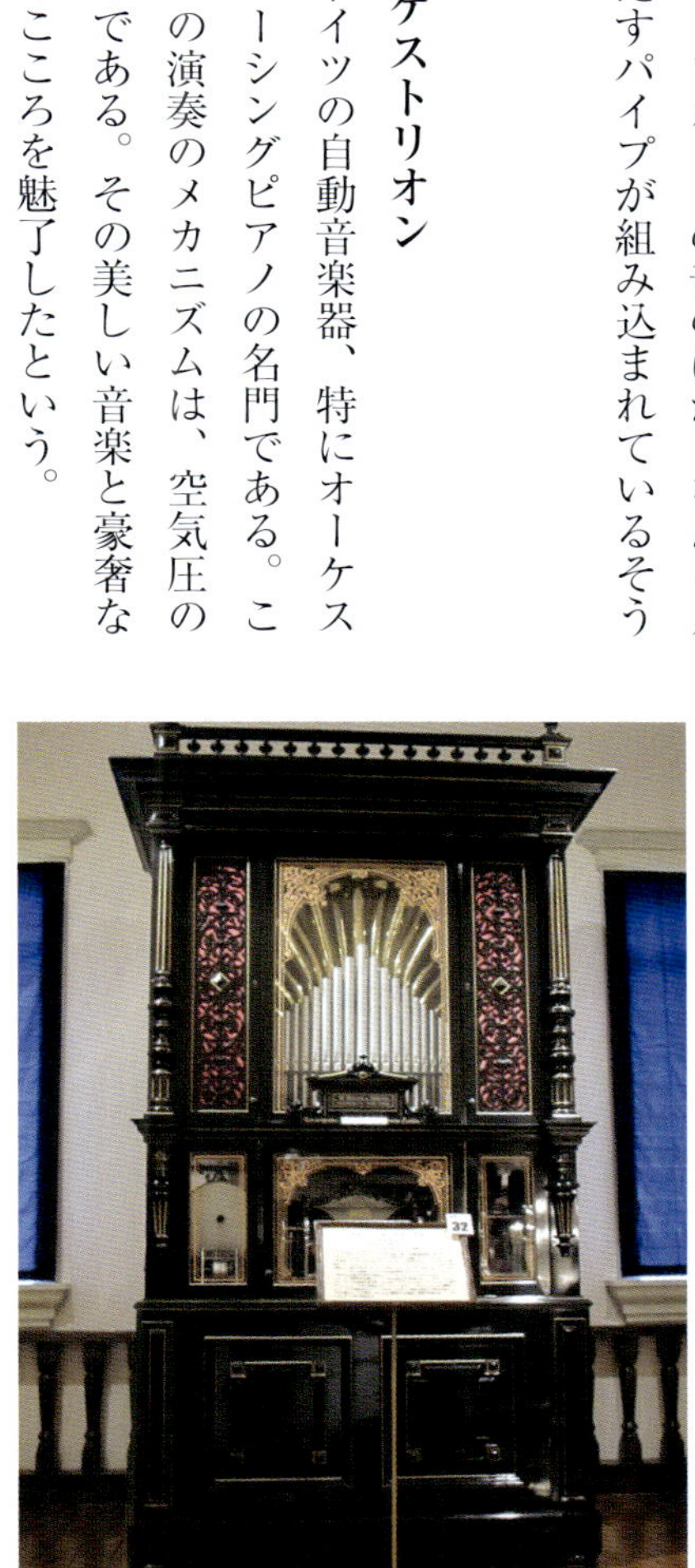

音楽と花の楽園

この楽園には、ゆったりと歩き廻われる心地よい広場がある。

「河口湖　オルゴールの森」という標識が置かれている。

喫茶がある

店頭に「きみまろ茶や」と書いてある。珈琲一杯を注文して、味わいながら休憩する。

静岡清水と山梨を訪ねる

三保の松原

三保の松原を見ておきたいと思う。東京駅8時3分発、新幹線ひかり自由席に乗車すると、9時ころ静岡に着く。日本平(にほんだいら)行きのバス停が分かりにくく、あげくに時間の具合も悪い。静岡駅から9時45分発の日本平ホテル行きシャトルバスに、喫茶なり利用するなら、と、便乗を許された。

30分ほどで日本平ホテルに着く。ティーラウンジにてしばし休息。

そこから見える清水の町並みの広がり、かなたに浮かぶ美しき富士！　ここは富士を望む特等席だな。

われらのホテルクエスト清水から見る。

ホテルで荷を軽くして三保の松原へ向かう。昼過ぎであった。半島を電動アシスト付き自転車で一周しよう。

廻る前に細君好みの海鮮丼を、と清水魚市場の河岸(かし)の市(いち)を、迷いながら探しあてる…。

が、夫にすれば清水の刺身は値が高く、生魚(なまざかな)の大盛はいやになる。細君を諦めさせたのは、待ち客による長蛇の列だ。

左は三保の松原。自分なりには、あまり感動するほどのものでもなかったが。

ホテル泊の翌朝

部屋から見る。これから山梨へ向かう。下に見える清水駅から東海道線で沼津へ。丸い輪は書き入れたものではない。なにかのモニュメントだろう。

沼津から御殿場線、御殿場下車。バスに乗り換え、河口湖駅で下車する。

河口湖畔　山岸旅館

荷を預け、ここでも自転車でと思ったが、三保とは違って自転車道はなく、歩道を走る。歩道は車道との段差があり、狭くなるところがあって危ないから夫はやめた。細君は元気でバランスがよく、自由行動。日暮れに戻る。

河口湖駅

大月ちかくの（都留市）山梨県立リニア見学センターを訪問しようとしている。

ここ、河口湖駅から、登山電車で大月へ向かう。

今日は曇っていて、終日富士は見えなかった

登山電車で大月へ

左が新しくできたという富士登山電車だ。内装も子供が喜びそうなデザインになっている。大人向けの車両ももちろんある。

登山電車の車内

行く先は大月だ。
登山電車で大月へ向かい、30分くらいで下車する。

写真左は大月駅。駅前からバスが出ている。そのバスを利用し、山梨県立リニア見学センター前で下車する。

山梨県立リニア見学センター（都留市）

小生の疑問点に応えてくれる説明者は残念ながら居ず、しかし現物車体を見、いくつもの実験的展示物がある。詳しいことはＪＲ東海で訊いてほしいと…。

現物と同じ車両が展示してある

乗り込んでみると、実際の車内と同様に仕上げてある。

ただし、椅子は見学者の通行のため片側だけにしてある。

超電導磁石

この超電導磁石は宮崎実験線を走っていた実験車両「MLU001」に搭載されていた実物です。一九八七年には有人の走行試験で時速400.8kmを達成しました。

――とある

現在（二〇一八年四月）、時速500kmを超えた。

高温超電導磁石（これは模型）

高温超電導磁石は冷凍機でコイルを冷却するだけでよいため、磁石の構造を簡素にできる。

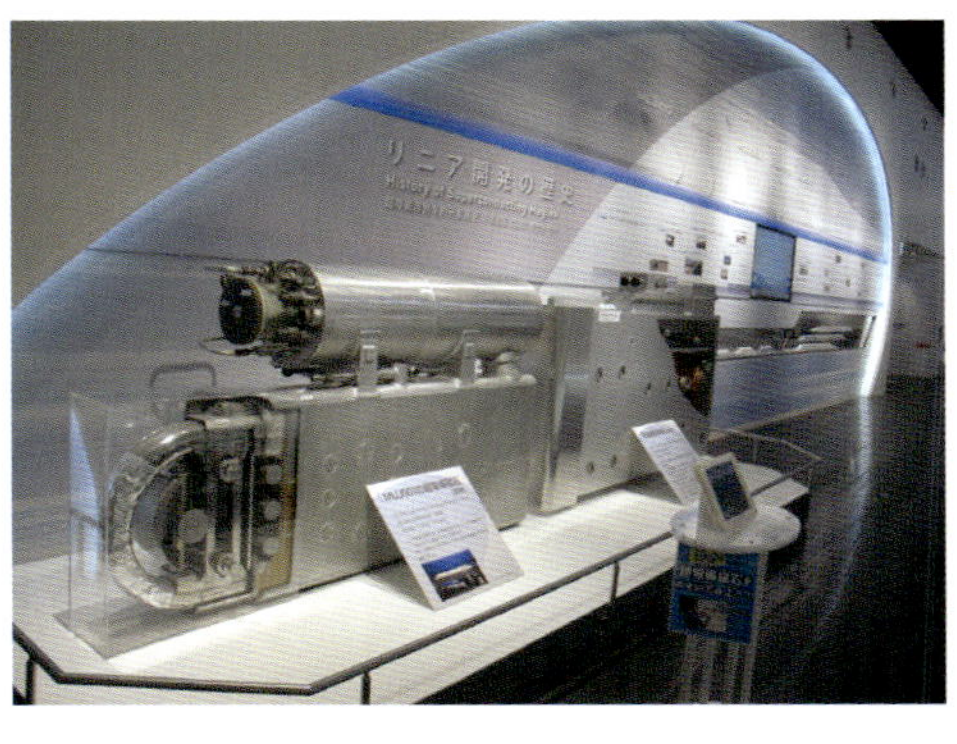

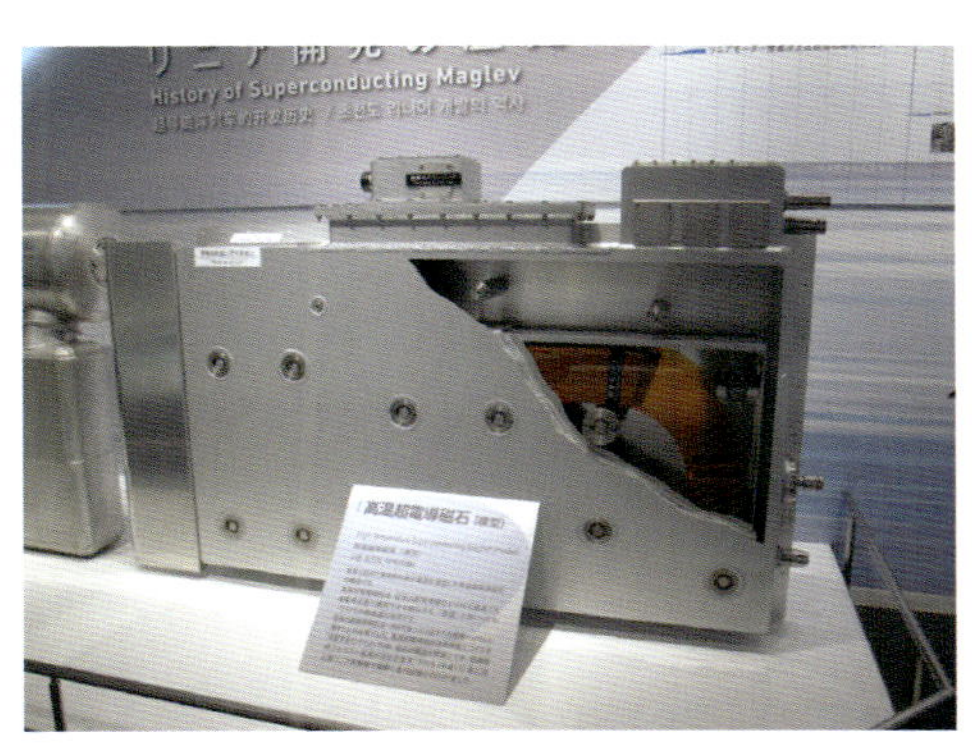

実際同様の展示車体の側面に、浮上機構部分が分かるようにしてあるのがある。寸法を確認しようとして説明嬢に尋ねると、機構部分は年とともに変わって（進歩して）きており、開通時の物は展示の物とは違ってくるという。９年後の開通まで技術の改良は続けられ、変わってゆくのだろう。

──中国のリニア計画はドイツの技術に拠っている。あれは梁を跨ぐ方式で空きが1チセンそこらしかない。日本のは自分で浮く方式で、地面との空きは２０チセンばかり確保される（駅で停車中はタイヤで支えるが）。

「日本は地震などよく考慮されていて、いちばん進んでいる」と説明嬢は言う。お国を訊くと、台湾の人だった。例の、止まらない不思議な独楽*のことを話したら知っていて、米と台湾との共同開発だそうだ。あれは素晴らしいものだとボクが言い、日本は真似ばかりしてきたと言うと、「日本がいちばん進んでいる」と言ってくれた。

窓からすぐ、実験列車の現物が盛んに往復（距離約40キロトル）しているのが見られる。速すぎてとても写真は撮れなかった。

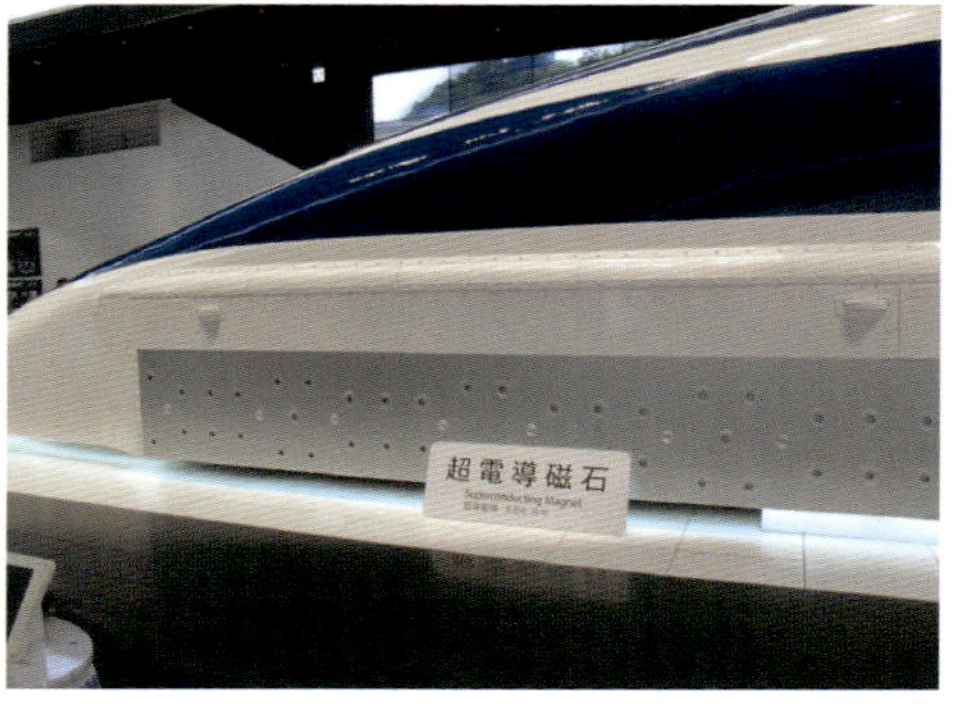

超電導物質の走行実験

うねった帯には9ミリ角ほどのマグネットが3列、びっしりと貼り付けてある。その1個でスパナを空中でくっつけてみせる強さがある。

高いところから滑らせると、たくあんの輪切りみたいで黒い物体（冷却されていて超電導状態になっている）が、ジェットコースターのようにその表面を走り回る。場所によって帯の下面を走る*箇所がある。

バスで大月駅へ戻り、大月駅から特急かいじ自由席で新宿へ出る。

新宿から山手線北回りで上野へ向かう。

※不思議な独楽
迫真社刊『空間論』１３６頁
※帯の下面を走る
同『空間論』１３０頁レンツの法則。押せば押し返し、引けば引き戻そうとする電磁気の法則　参照されたし。

日本の心情と行状

編集後記

縁の下は人目につかない。ヌカに釘打ちは効きにくい。我が家はなかなか大きくなれない。刃の出し入れにはカンナの尻を叩く。

ひょいと見た世の中の諺。これらは自分の家が小さいことも、自分が大してお役に立てていないことも慰められ、少々面白くなってきた。だが諺も、あまり沢山であると飽きがきて退屈になる。

撮りためてある写真集を見ているうちに、世の実際の在り方にも興味が沸いて、版の後半に実録集を添えて一巻にしてみることにした。諺には、編集していても面白味があって勇気ももらえるときもあるが、大手出版社による〝ことわざ辞典〟からの一部転載が許してもらえないと分かった時、それらはそっくり削除することにした。すると身軽になって読みやすくもなったようだ。

諺とは世間が話題の中から煮詰めてきたものであろう。著者は一般の人々であろうに、わが物のように「転載はご遠慮願いたい」とのことだった。だが著者でない者が、大手出版社だから他社に転載を許さない、なんてあるのかと疑問に思いつつも、口論のために出版が遅れるのでは仕方がない。それで、スパッとやめることにした。

反面、実現している現物のほうはまさに目の前に存在し、大したものである。版後半ではこれらを嗜むことにした。ことわざという、言語に関してあれこれ空想してみることに対し、こちらは現実に存在するほうを鑑賞する。感心したり驚嘆したりすべきものがある。学ぶものは目の前にたくさんあった。そんな訳で一冊の本の中でことわざと実録が合成される次第になった。

編集班チーフ

編　　集　迫真社編集部
主　　筆　熊野宗治
監　　修　松本栄國
撮影指導　加藤壽俊

『日本の心情と行状』

2024年10月31日　新刷・発行

編　　　著　迫真社編集部
発　行　者　熊野宗治
印刷・製本所　三美印刷株式会社
カバーデザイン　(株)クエストデザイン

㈱迫真社　〒305-0861　茨城県つくば市谷田部1144－509
TEL 029-838-0799　　MOBILE 090-6658-7746
H.P　http://www.aiu-plan.co.jp
あるいは「迫真社」で検索ください

ISBN 978-4-9912049-2-0
JAN C-1095¥2300E
N.D.C 290. 160p. 20cm